Das Etteilla-Tarot

Theoretischer und praktischer Unterricht über das Buch Thot oder über die höhere Kraft, Natur und Mensch mit Zuverlässigkeit die Geheimnisse des Lebens zu enthüllen und Orakel zu erteilen, nach der Ägypter wunderbarer Kunst

Mit 78 Abbildungen, wodurch das „Buch Thot“ dargestellt wird

von
Jean-François Alliette,
erstmals erschienen um 1870 unter seinem Pseudonym *Etteilla*

überarbeitet und herausgegeben
von
Helmut Werner

Weitere Bücher von (Hrsg.) Helmut Werner:

Die Katharer - Geschichte und Lehre, - sowie andere gnostische-manichäische Sekten des frühen Mittelalters - mit der erstmaligen Übersetzung eines original-katharischen Messrituals aus d. 12. Jahrh. v. Joh. Jos. Ign. v. Döllinger, ISBN 978-3-89094-616-0

Okkulte Schriften von Paracelsus – Gesamtausgabe Mikrokosmos - Makrokosmos von Helmut Werner, ISBN 978-3-89094-595-8

ISBN 978-3-89094-629-0

Inhaltsverzeichnis

Jean-François Alliette (Etteilla)

Vorrede

Ich bringe meiner lebenden Mitwelt Proben einer Wissenschaft dar, die von den ersten Weisen der Völker so heilig innerhalb der Mauern ihrer Tempel verehrt, von den späteren Nachkommen aber vernachlässigt und versäumt wurde, eine Wissenschaft, die innig mit den Grenzen der Philosophie verwebt, innig mit dem Gebiet der Kenntnisse des ganzen Weltalls verwandt ist. In den früheren Jahren meines Lebens war es, dass ich einmal in den grauen Schätzen des Altertums umherstöberte – und die heiligen Überreste dieser Wissenschaft fand, in ihnen forschte, in ihnen den Quell der Tugend und der Erkenntnis Gottes entdeckte – und dass ich nun nach vieljähriger Erfahrung, nach durchsorgten einsamen Nächten, das Licht, das mir aufging, auch meinen Mitbrüdern und Mitmenschen mitteilte. Meine Mühe werde verkannt, mein Wunsch, gute Menschen, euch, zu dem wahren Quell der Tugend zu führen, werde mit Undank belohnt, oder nicht! Ich habe Nichts zu fürchten – nur einige Schritte noch und ich bin an der Stätte der Ruhe und des Schlummers, wo mich Undank nicht stört und nicht kümmert. Aber zu wünschen habe ich und zu hoffen, dass sich einige an mich anschließen möchten, die diese Wissenschaft in ihr Herz fassten, sie zu späteren Nachkommenschaft fortbringen und auch diese damit beseligten. Ja, verehrt sie, diese Wissenschaft, tretet mit geheiligter Stirne in ihren Tempel – hört aber zuvor den Zuruf, wodurch ich euch sichern und auf diesem Pfad als glückliche Wanderer leiten möchte! –

Lasst euch nicht abschrecken, wenn ihr hie und da auf dornige Gesträuche, unwegsame Wege, steile Felsen und Klippen stoßt – über ihnen hin kommt ihr zu herrlichen Aussichten, entzückenden Szenen und Landschaften. Lasst euch nicht abschrecken, sag ich, wenn ihr in den einzelnen Teilen der Lehre, die ich euch darreiche, beim ersten Anschein unverständliche Stellen, unfassliche Worte findet – nur eine kurze Zeit harrt, und es wird euch leicht werden – nur eine kurze Zeit spart keine Mühe, sie zu studieren, und es wird sich alles aufklären, dass ihr die tiefen Schätze der Weisheit findet und sie schmeckt.

Nehmt zweitens den Führer, den ich euch zur Begleitung auf eure Wanderschaft gebe, traulich und freundschaftlich bei der Hand! Er wird euch mit seinem lebenden Balsam stärken, mit euch über die dornigen Pfade hinklimmen, mit euch die steilen Felsen ersteigen. – Die 78 Blätter oder das Buch Thot ist dieser Führer – nur ihn verlasst nicht, und ihr werdet nie straucheln – nehmt ihn immer bei der Hand, und ihr werdet nie auf Wege geraten, die nicht überstiegen werden könnten.

Drittens werde ich auch selbst von Zeit zu Zeit euch noch mit meinem Rat, mit meiner Hilfe unterstützen, euch wie ein guter Freund umschweben, wenn ihr meine Mühe anerkennt, immer um euch sein und euch leiten. Ich meine, ich werde euch, wenn ihr mit diesen Proben, die ich von dieser Wissenschaft liefere, zufrieden seid, immer noch mehr Licht in diese Geheimnisse zu geben suchen, immer noch tiefer euch in diese Geheimnisse, durch neue Proben, durch neue Schriften, einweihen und zu höheren Erkenntnissen führen. Prüft alles und forscht! – Der Weg, auf dem ihr wandert, ist nicht selig, aber herrlich ist die Aussicht, die ihr auf ihm gewinnt.

Der Verfasser

Unterricht in der ägyptischen Kunst des Orakel-Erteilens

Erster Unterricht

Das Buch Thot, oder welches das nämliche ist, das Buch, welches von Gott, dem Menschen und der Natur handelt, ist in 78 gezeichneten hieroglyphischen Figuren zusammengefasst.

Hast du, o Mensch, diese Tiefen ergründet, bist du in das Innerste des Heiligtums gelangt, mit Ordnung diese viel bedeutenden sprechenden Figuren zu legen, wie die alten Weisen nach ihrer heiligen mystischen Sprache sie zu ordnen verstanden: So hast du, Glücklicher!, die höchste Stufe der Weisheit, auf der einst Tris Mercurius Athotis stand, erstiegen, so kannst du mit den frommen tugendhaften Worten ausrufen, wie er zu dem König Kalid, sagen: „Wer alles hat, bedarf nichts weiter."

O, ihr einzigen wahren Eingeweihten der natürlichen Philosophie, die ihr mit Recht nicht zugebt, dass Gott durch Glauben ohne Werke, durch Gebet ohne Arbeit sich versöhnen, sich zum Mitleid rühren, die ihr mit Recht nicht glaubt, dass durch törichtes, der menschlichen ebenso wohl als der göttlichen Vernunft hohnsprechendes Beschwören, Dämonen sich müssten zwingen lassen, Geheimnisse der Natur dem Menschen bloßzustellen, sie ihm zu enthüllen! – Ihr, sage ich, kommt her, öffnet dieses Buch Thot, und seht! – Es unterstützt euren Glauben, es bestätigt eure Grundsätze.

Hier findet ihr, wie der fanatische fälschlich sich glaubende Illuminat ganz umsonst die Aufdeckung der Geheimnisse von den Lippen des Höchsten erhofft, wie diese Wissenschaft nur in den einzelnen Werken des Weltalls umherzerstreut ist, deren Erlangung jener immer vergebens von unmittelbarer göttlicher Erleuchtung erwartet.

Ja, in den einzelnen Teilen der Schöpfung müssen wir suchen, nach ihr forschen; wir dürfen nicht, wie jene sorglosen automatischen Menschen es tun, uns schmeicheln, dass uns durch plötzliches Wunder die Gottheit den Schlüssel zu dem Eingang der Natur in die Hände geben werde, wie jene Unglücklichen es vermeinen, die noch darin glücklich genug sind, dass sie sich nicht erkühnen, selbst nach Gottes Weisheit zu klimmen. Hier werdet ihr zugleich lernen aus diesem erhabenen Buch, wie weit der menschliche Verstand auf Abwege irre leitet, wie viel andere wieder, im Gegenteil jener Schwachgesinnten, getroffen werden, die Niedrigkeit der Seele genug besitzen, von höllischen Geistern, Feinden der Gottheit, Feinden des Menschen und der ganzen Natur, die Belohnung ihrer Mühe, ein Glück zu hoffen, welches nur ihnen, als alles auf gut Glück glaubenden, alles sorglos hin begehenden Verbrechen, gereicht werde.

O Freunde, die ihr nach dem Willen Gottes, nach dem immer regen Trieb in eurer Brust, auf den Spuren der Natur jene heilige verborgene Weisheit sucht, jene Weisheit, die von dem Schöpfer in die ersten Keime aller Wesen gepflanzt ist, misstraut ihr meinem Wink, wenn ich euch zurufe: „Kommt, öffnet das Buch Thot, ihr werdet finden!" – Nein, misstraut mir nicht: Mein Alter, meine Erfahrung, das unermüdliche Suchen, mein Amt selbst, in den Winkeln des menschlichen Herzens zu spähen, hat mir eure wahre Erziehung, Gott, die Natur, sich selbst kennen zu lernen, finden lassen, die Erziehung finden lassen, die ihr noch nie mit allen Bemühungen gefunden und erlangt habt.

Ja! Studiert in dem göttlichen Buch Thot, in dem Buch Gottes, der Menschen und der Natur, welches wahre Weise unter den ersten Ägyptern aufzeichneten. – Weise, die, nicht von dem Geschmack kleinlicher Künste, von unruhigen stürmischen Leidenschaften verdorben, alle ihre Zeit darauf wandten, diese große Dreizahl – Gott, den Menschen und die Natur – zu erkennen. Uns ist diese Dreizahl noch unbekannt, ohne deren Kenntnis doch, Wahrheit mit Irrtum, Irrtum mit Wahrheit zu vermengen, unvermeidlich ist.

Ich höre aber schon, wie ihr, immer gewohnt von Betrügern getäuscht zu werden, mich misstrauisch fragt, wen ich euch zum Bürgen meiner Redlichkeit, zum Bürgen dieses gutgemeinten Rats stelle? – Hört denn! – Tris Megistus ist es selbst, der diese Lehre, euch diesen Rat gibt – Tris Megistus, den ihr unmöglich, da er sich euch zum Bürgen stellt, zurückweisen könnt. – Öffnet das Buch Thot – und unter den tausend göttlichen Schönheiten wird euch gleich beim ersten Anblick auf der ersten Seite sein Gebet entgegenleuchten – sein Gebet – Gott, ich verlange, die Dinge kennen zu lernen, die um mich herum sind, – verlange zu verstehen, was sie sind – und zu verstehen, was du selbst bist.

Die Wissenschaft der Zahlen ist die Hauptsache von allen höheren Kenntnissen. Es ist sehr leicht und einfach, sie vor allen anderen zu verstehen und einzusehen. Ihr braucht nichts als euren Verstand auf die Moral zu lenken, um sie kennen zu lernen und zu begreifen, denn die Moral und die Wissenschaft der Zahlen sind ein und dasselbe. Nehmt zum Beispiel den Satz: „Das Höchste oder das Oberste ist gleich dem Untersten; mit der physischen Kenntnis sind die physischen Wahrheiten bewiesen 2 + 2 = 4.

Gott ist 1.

Aus dieser Wahrheit, welche der ungerechte oder der wahnsinnige Gottesleugner zu einem Nichts, zu einer Null machen, der Götzendiener vermehren will – aus dieser Einheit, sage ich, fließt in Bezug auf unser Buch Thot, die erste Dreizahl. –

1. Nämlich: Der weise Mensch, welcher in die Zukunft sieht und wahrsagend ihre Geheimnisse enthüllt;
2. der Wissbegierige, der die Schicksale seines Lebens von jenem zu erfahren strebt; und
3. alle Menschen, alle lebendigen und leblosen Wesen, welche auf die Kette von Schicksalen in dem Leben jenes wissbegierigen nach den Geheimnissen der Zukunft fragenden Menschen Bezug haben.

O du Fragender, Edler, Wissbegieriger, der du die Schicksale deines Lebens zu erfahren mit Recht hoffst – aber auch du Unwissender, Sorgloser, der du dich nicht wider die Schläge der Zukunft mit Vorsicht und Vorherwissen wappnest – seht ihr nicht, muss ich hier ausrufen, alle die unendlichen Ursachen, die sich, zu euerm Glück oder Unglück, um euch herumlagern? – Ja – vernehmt es! Nur das Vorherwissen ist es, welches den Fall eines Ziegels von euerm Haupt abwenden, euern Fuß vor dem Stoß eines Steines schützen kann.
Gewiss, es gibt eine Wissenschaft, vorherzusehen. Aber sie ist auch nur eine Frucht von langen Jahren, von langer Erfahrung und tiefem scharfem Verstand. Eine Wissenschaft gibt es, vorherzusagen! – Eine Wissenschaft aber, die sich nur erlangen lässt, wenn man alle anderen menschlichen Kenntnisse ergründet hat; denn auf diese stützt sie sich, wenn ich die Wissenschaft höchstens ausnehme, die uns einen einzigen wahren Gott kennen lehrt. – Doch jetzt wieder zurück zu dem Faden des Unterrichtens! –

1. Stellt hier den starken erhabenen Menschen vor,
2. den schwachen ohnmächtigen und
3. kann den starken und schwachen Menschen vorstellen und anzeigen: Wenn es der starke ist, so kann sich der fragende Wissbegierige glückliche Ereignisse versprechen: ist es aber der schwache, hat der Fragende nichts als Unglück zu fürchten. –

Wie in dem ersten Grundriss der Schöpfung und den Grundeinheiten des ganzen Zahlensystems, suchen wir nun auch hier nach einem Vierten: Und das Buch Thot ist es, welches sich sogleich als das gesuchte 4. uns darbietet, und welches zugleich, als ein Ganzes, als Ein Buch betrachtet, zur Vorstellung der Einheit 1 wird.
Aus diesem Ganzen, aus dieser Einheit des Buches Thot, fließt aber nun eine neue Dreizahl, die aber wohl der oberen (beim starken Menschen nämlich, den schwachen und dem bald starken bald schwachen), untergeordnet ist. Da

nämlich die Einheit 1 des Buches Thot, aus welchem wir jene Dreizahl herleiten wollen, nur der Typus und die Vorstellung der göttlichen Einheit ist: So ist nun auch diese Einheit 1 – indem das Buch Thot die Wissenschaft des ganzen Weltalls in sich enthält – aus 78 Blättern zusammengesetzt. Dieses Zusammengesetzte aber gibt uns nun jene Dreizahl, indem es dem weisen Enthüller der Zukunft und dem, der danach bei ihm forscht und fragt, Gelegenheit gibt.

1. Die Blätter zu mengen,
2. dann abzuheben, und
3. die zwei Partien oder Teile, welche aus der Öffnung, aus dem Abheben des Buches Thot entstanden sind, wieder aufeinander zu legen und sie zu vereinigen. Bemerkt hier zugleich, wie der starke Mensch, indem er immer wieder das Buch zur Einheit 1 bringt, dem Willen des schwachen Menschen widerstreben muss, indem dieser immer das Buch in die Zahl 2., in zwei Teile zu legen bemüht ist, doch davon werde ich weiter unten reden.

Wer wird aber nun die Vierzahl oder die Zahl 4 herausbringen, aus was wird diese entstehen? werdet ihr fragen. Aus der Teilung des Buchs in drei Reihen, wenn ihr das ganze Buch in drei Reihen legt, antworte ich euch, und wenn ihr nämlich alsdann, wie ihr es tun müsst, euer Augenmerk allemal auf die mittlere Reihe richtet und sie gebraucht.
Der Enthüller der Zukunft nämlich, wenn er jetzt in ihre Geheimnisse eindringen und sie dem andern enträtseln will, vermengt erst die 78 Blätter, so dass er, so lange er sie vermengt, seinen Blick auf sie tue:
Legt alsdann das Buch oder die Blätter hin, um sie von dem Fragenden abheben zu lassen, und verteilt endlich die 78 Blätter, oder das ganze Buch in drei Reihen, so dass in jeder Reihe 26, die erste Dreizahl 26.26.26.0, als das Bild des Zirkels, vor ihm daliege.
Hierauf nimmt er die 26 Blätter, die in der mittleren Reihe liegen, und legt sie auf die Seite zur rechten Hand. Nimmt alsdann die zwei noch daliegenden übrigen Reihen 26.0.26, welches 52 Blätter zusammen macht, wieder in die Höhe, und befolgt mit ihnen die nämlichen Regeln, welche wir angegeben haben, dass er sie nämlich vermengt, abheben lässt und in drei Reihen legt. Auf diese Art entsteht dann bei diesem zweiten Verfahren die zweite Dreizahl, 17.17.17 + 1, als Bild der Einheit.
Zum dritten Mal endlich, nachdem er vorher die mittlere Reihe 17 weggenommen, und sie auf die Seite neben die 26 gelegt hat, nimmt er wieder die übrigen Reihen 17.0.17.1, welches 35 macht, in die Höhe, und befolgt bei

ihnen das nämliche Verfahren. Es erscheint so die dritte Dreizahl des Buches Thot, 11.11.11 + 2, als nebst dem vorstellenden Bilde des Menschen.
Nach dieser dritten und letzten Einteilung des Buches Thot liegt denn seine Rechnungstafel oder das Buch Thot in folgender Ordnung vor ihm da:

11.0.11.2 ...... 11.17.26.

Wie viel drängt sich mir jetzt nicht auf zu sagen! – Die Sprache, es auszudrücken und alles zu beschreiben, muss dem geschwinden Denkvermögen unterliegen. Doch wir wollen es versuchen.

26 hat Bezug und Verhältnis mit dem ersten Verfahren, das Buch Thot zu legen und aus demselben die Zukunft zu sagen.
17 stehen in Beziehung mit dem zweiten Verfahren, und
11 mit dem dritten Mal des Versuches der Einteilungskunst.

Wollen wir wissen, welche Zahlen auf das vierte und fünfte Mal des Blätterlegens herauskommen, und mit diesen in Bezug stehen werden: So dürfen wir nur auf die übriggebliebenen Blätter der zum dritten Mal angestellten Verteilung des Buches Thot zurückblicken. Die Anzahl derselben nebst der Zahl 2, welche bei der dritten und letzten Verteilung nicht mehr in die Reihe kam, kann uns leicht die vierte Zahl nach gehörigem Verfahren finden lassen. Und so können wir auch leicht auf die fünfte und letzte Zahl kommen, wenn wir hier, wie die vorigen Male, mit Einteilung der Blätter verfahren. – Ehe wir aber jetzt weiter gehen, müssen wir einige Augenblicke unsere Gemüter auf die Vereinigung der Seelen und Geister richten; damit die Korrespondenz, welche nötig ist, wenn gründliche, heilige Orakel aus dem Munde des Enthüllers fließen sollen, desto leichter und inniger errichtet und geknüpft werde. Woraus aber, fragt ihr, sollen wir diese Korrespondenz der Geister erkennen, ob sie errichtet ist oder nicht? – Wie können und sollen wir die Vereinigung derselben glauben?
Ich komme zu dem Wichtigsten. Die lodernden Flammen des Feuers suchen sich, schmiegen sich aneinander an, um sich gegenseitig zu beleben – die jugendlichen Körper des Menschen drängen sich in die tiefste Vereinigung zur Empfindung; und ihr sollt nicht zugeben, dass der immer tätige, nie gefesselte, stärkste, seelenvollste Geist seinesgleichen suche, mit ihm in Eins gegenseitig verschmelze, und gegenseitig im Strom des ausfließenden Wesens Entzückung und Vergnügen fühle? Was wäre außerdem die Natur! Was die Hoffnung, die sich aus mir zu Gott, zu dem zweiten Bild meiner Seele, sich zu dem Weib der Schöpfung hinschwingt, wenn meine Seele in dem Kerker des Körpers gefesselt läge!

Nein, es muss euch leicht sein, Vereinigung der Geister, Korrespondenz derselben, zu glauben! Nur von euch hängt es ab, zu erkennen, ob sie errichtet ist oder nicht – nur von eurem Willen und von der Kunst der Geschicklichkeit und Reinheit des Enthüllers der Zukunft zugleich hängt es aber ab, diese Geistesvereinigung zu verursachen.
Hat der Enthüller der Zukunft z. B. nicht die Tugenden, die wir unten angeben werden: So ist es unmöglich, dass die Vereinigung der Seelen vor sich gehe. Er ist dann wie ein Wolf, der in Schafskleidern umhergeht, um die Herde zu zerreißen. Der fragende Wissbegierige erkennt dann sogleich, dass die Korrespondenz nicht errichtet ist, sobald ihm jener etwas sagt, was in der Vergangenheit, Gegenwart, Zukunft nicht eintrifft.
Um aber die Geistesvereinigung und Korrespondenz zwischen dem Enthüller der Zukunft und dem Fragenden zu Stande zu bringen, so ist es nötig, dass jener wirklich die Absicht, den Willen habe, zu heilen, und dass in diesem wirklich der Glaube herrschend sei, geheilt zu werden. Denn die Götter und die Natur sind niemals gegen die gerechten Stimmen taub, die sie rufen. Ihr müsst euch aber auch, damit alles beobachtet werde, in euren Gedanken sowohl an Gott als auch an den Menschen und an die Natur wenden, und immer den lebendigen Glauben in eurem Gemüt haben, dass Gott nämlich alles kann, was er will.
Der wissbegierige Fragende nach den Geheimnissen der Zukunft kann mit Recht von dem falschen Enthüller derselben über den Mangel der gegenseitigen Geistesvereinigung Rechnung fordern, und sich gegen ihn beschweren, wenn sich die Kette der Schicksale seines Lebens nicht aufdeckt. Mit vollerem Recht kann aber noch der wahre Enthüller der Zukunft den falschen heuchlerischen Fragenden verdammen, weil er überdies noch aus dem Buch Thot sehen kann, was die Ursache ist, welche die Korrespondenzen verhindert hat. Jetzt ist uns aber noch übrig, die Augenblicke anzugeben, wenn die Korrespondenz erst anfängt, wenn sie vollkommen in eins zusammen schmilzt, und wenn sie endlich und durch was sie belebt und erhalten wird.

Beim ersten Abheben oder dem Öffnen des Buches Thot, welches von dem Fragenden geschieht, fängt die Korrespondenz an, sich allmählich zu errichten.
Bei dem zweiten Öffnen oder Abheben desselben suchen sich die Geister miteinander zu vereinigen und ineinander überzugehen.
Bei dem dritten Abheben endlich ist dieser Übergang vollendet, und die Geister wirklich miteinander verschmolzen.

Die übrigen Male, dass der Fragende abhebt und das Buch Thot öffnet (welches nur vier Mal möglich ist), dienen bloß dazu, diese Geistesverschmelzung zu unterhalten, und immer die Wirkung und Gegenwirkung der Geister zu beleben und zu erneuern. Hier, Zuschauer! Gebt genau Achtung, was in dem Gesicht des magischen Menschen und des wahren Fragenden vorgeht und sich abmalt...!! – Doch wir wollen wieder zu unserer erhabenen magischen Tafel zurückkehren.

11.0.11.2 .... 11.17.26

Es ist dem Enthüller der Zukunft bei aller seiner Geschicklichkeit, aller seiner Weisheit und Reinheit des Herzens, unmöglich, aus der Einheit des Buches Thot alle die weisen Ausschlüsse und Orakel dem Fragenden zu erteilen. Er befolget daher das große Beispiel des göttlichen Urhebers aller Dinge, welcher aus seiner Einheit die drei ersten Grundstoffe zur Schöpfung aller Wesen hervorzog, und macht, nach dem Muster dieses größten Werkmeisters, auf eine ganz erhabene Art aus dem Buch Thot eine gleiche Dreizahl. Ob er nun schon aber drei Mal diese erste Dreizahl des Buches zergliedert und in Reihen legt, so bekommt er doch nur endlich aus dieser dreimaligen Dreizahl eine Dreizahl, nämlich 11.17.26. Als Abgang von dem Ganzen bleibt ihm 11.0.11.2. übrig, wie auch in dem Chaos der Schöpfung die Erde der Abgang von dem Feuer war, der Luft und dem Wasser.
Wenn ihr aufmerksam eure Gedanken auf die erhabene Einteilung der Blätter des Buches Thot richtet, wie sie nämlich vorgegangen ist: So werdet ihr wohl bemerken, dass das Buch, welches aus 78 Blättern besteht, 54 Ternarien[1] gegeben hat, dass aber auch nach derselben in neue sichtbare Reihen nun endlich das Ternarium, die Dreizahl 11.17.26, herausgekommen ist, und den Sieg behalten hat!
Lasst ihr endlich gar nichts von den erhabenen Schönheiten dieser geheimen Zahlen verlieren; so werdet ihr noch mehr erstaunen, wenn ihr seht, dass durch das Legen und Ordnen der sechs Mal neun Dreizahlen und durch die + 1 + 2 die sieben Dreizahlen entstanden sind.
Wie der Orakelerteiler nicht aus der unmittelbaren Einheit 1 des Buches Thot die Zukunft enthüllen kann; so vermag er dieses ebenso wenig aus der Zahl des Menschen 2, welche der Fragende dem magischen Menschen immer durch das Öffnen der Einheit des Buchs in zwei Teile vorhält und darbietet.
Das Buch musste also in drei Teile geteilt werden. Und dieses drei Mal wiederholt, ist das wahre geheimnisvolle erhabene Werk, in Rücksicht, wie die ganze Schöpfung geschah, und in Rücksicht der Zahl 26, worüber wir er-

---

[1] Von lat. „terni“: je drei, dreifach, aus drei Stoffen/Zahlen bestehend. Veraltet für drei Zahlen beim Lottospiel. (rs)

staunen müssen. Alles hat bei und in dem Buch Thot seine Absicht und seine Bedeutung.

Das ganze Buch 1 ist die einzige Zahl der Gottheit: 78 die Zahl des Melac oder Salzes, des unzerstörbaren Geistes; 26 die Zahl des größten erhabensten Namens der Gottheit, Jehova.

Bei dem ersten Legen der 78 Blätter blieb eins übrig; das bedeutet, dass nichts übrig blieb. Dieses Nichts ist durch eine Null bezeichnet, und die 0 ist die Figur des Zirkels 0.

Bei dem zweiten Legen der 54 Blätter kam in jede Reihe 17, blieb aber 1 übrig. Diese 1 ist der Punkt für das Zentrum des Zirkels, und stellt die Gottheit vor in der Mitte des Umfangs der Zirkumferenz[2].

Bei dem dritten Legen kam in jede Reihe 11, und blieb 2, das ist der Mensch, welcher durch diese Zahl bezeichnet wird. Jenes also und dieses stellt uns die Gottheit vor in der Mitte des Menschen, des Mannes und des Weibes; oder das Feuer, den Geist, die Seele des Weltalls in der Mitte der weißen Frau und des schwarzen Mannes; wie ihr auf dem 14. Blatt des Buches Thot sehen könnt, welches ihr vor Augen haben müsst.

Der magische Erteiler der Orakel ist nicht imstande, die Zahl der Einheit 1 zu legen, wie auch nicht die Zahl des Namens 26, welcher Jehova bedeutet. Die Zahl 17 muss er aber in ihre Teile zergliedern, um 10 als den Zirkel der Gottheit zu finden, zweitens die 4 als die Vorstellung der Kenntnis der Natur, und drittens die 3 als Vorstellung der menschlichen Weisheit. Die Zahl 11 kann auch nicht weiter zerlegt und zergliedert werden. Sie zeigt nur an, dass vor 11 die Zahl 10 ist, und dass nach 11 die Zahl 12 kommt. Das ist das nämliche Verhältnis, als wenn in kleineren Zahlen die 1 multipliziert 2 gibt, und diese geteilt wieder die Hälfte derselben; die Hälfte aber und die 2 bedeutet nicht die Gottheit; 10 also und 17 sind erhabener und stärker als 11.

11 ist das Zeichen der Schwachheit des Menschen, und zugleich, wenn man das entgegengesetzte von der menschlichen Schwachheit nimmt, das Zeichen der göttlichen Kraft und Stärke.

Es ist also vor allem nötig, dass der Schüler der Weisheit des Buches Thot dieses verstehe und wisse, 0 als den Umfang des ganzen Weltalls; 1 als den Punkt in dem Zentrum; 2 als das Weib und den Mann usw. Jetzt wieder zu unserer magischen Zahlentafel!

11.0.11.2 ...... 11.17.26.

---

2 Die Zirkumferenz (spätlat. Circumferentia) bedeutet Umkreis, Umfang, Ausdehnung, Ausmaß. (rs)

26 ist das Bild der Seele; 17 das Bild des Geistes und 11 das Bild des Körpers; denn, wie die meisten Eingeweihten der Kunst sagen, so hat auch unser Stein der Weisen, ebenso wie der Mensch, Seele, Geist und Körper.
Aus der Vereinigung dieser drei Substanzen entsteht nun das Leben, welches durch die Zahl 24 vorgestellt wird, welche Zahl in dieser Form 11, 11, 2, übrig geblieben ist.
Diese Bemerkungen und diese Zahlen 26, 17, 11 und 24, sind nun für den magischen Orakelerteiler die kostbarsten Entdeckungen, nebst allen denjenigen, die er schon gemacht hat, und die euch noch unbekannt sind. Indem er sich nämlich nun das ganze Buch Thot in vier Teilen 26, 17, 11, 11 + 11, vorstellt; so findet er, dass der vierte Teil des Buches, 11 + 11, nach den Hieroglyphen, größer ist als alle die übrigen drei Teile des Buches: Denn 26, 17, 11, 2 = 56, ist just die Zahl, welche der vierte Teil des Buches Thot, hieroglyphisch betrachtet, ausmacht.
Ferner findet er auch in der Zahl 17 etwas Merkwürdiges: Denn nach den Hieroglyphen macht der erste und zweite Teil des Buches Thot gerade 17 Blätter, und der dritte Teil desselben 5 Blätter.
Legt nun das Buch Thot auseinander vor euch hin: So findet ihr, dass das Buch ein Ganzes ist, welches, von 1 zu 77 Blättern fortgehend, endlich noch mit dem Blatt, das mit einer Null bezeichnet ist, aus 78 Blättern besteht.
Diese Zahl 78, welche pyramidal und einem Triangel ähnlich ist, beweist mir nun, dass die 3 den Geist des Buches Thot vorstellt. Ich sage also, dass 3 der Geist, 1 die Seele und 78 der Körper des Buches Thot ist.
Die vier Abteilungen, welche alle Wissenschaften, z. B. Philosophie, Theologie, Medizin, Jurisprudenz, ausmachen und in ihnen stattfinden, geben nun auch eine Vierzahl 4.
Ebenso wird auch das Buch Thot merkwürdig in Hinsicht der Zahl 7, worüber ich jetzt noch mehr erstaune; 7 Mal 11 Blätter nämlich, mit der Null dazu gerechnet, macht das Ganze des Buches aus.
Ja, von allen Seiten muss uns diese 7, die wir in dem Buch Thot finden, Wunder nehmen, denn auch selbst in der 78, aus denen es zusammengesetzt ist, dringt sich die 7 selbst unseren Augen auf. –
Weil also in allen Figuren, in dem Ganzen selbst, immer die 7 verborgen und enthalten liegt; – so errichte ich folgende Tafel 1, 2, 3, 4, 5, 6, 7.
Von dem Buch Thot, insofern es in seinem Ganzen eine Einheit ist, leite ich die Zahl 1 her.
Von den vier Einteilungen des Buchs in 26, 17, 11, – 11 + 11 + 2 die Zahl 4.
Von der merkwürdigen Siebenzahl endlich, die vielleicht noch mehr Wunderbares und Großes in sich enthält, wie die Einheit des Buches und die 4 Abteilungen, leite ich die Zahl 7 her.

Dieses gibt mir also zu diesen zwei Tafeln Anlass; 1, 4, 7 .... 2, 3, 5, 6. Hier muss ich aber nun wohl fragen, wenn ich auf den Geist des Buches, welcher 3 ist, Rücksicht nehme, warum nicht drei Tafeln sind, oder die Tafel nicht aus drei Teilen bestehe? – Und hier sehe ich mich nun also zu einer ganz natürlichen Operation gezwungen, welche ganz mit dem beständigen Abheben des Buches Thot in zwei Teile übereinkommt. Setzt nämlich die Tafel 1, 4, 7, her. Hier findet ihr, dass 1 + 7 gleich 8, und die Hälfte davon 4 ist. Setzt also, da auch 2 + 6 gleich 8, und die Hälfte 4 ist, diese 4 unter jene 4; ferner da auch 3 + 5 gleich 8, und die Hälfte 4 ist, diese 4 wieder unter jene 4; und so bekommt ihr eine einzige Tafel, deren Geist die 3 ist. 1, 4, 7 = 12 als die Blätter des ersten Teiles des Buches Thot.

$$\begin{array}{c} 4. \\ \underline{4.} \\ 12 \end{array}$$

Wenn ihr nun eine erweiterte Tafel von den 1, 4, 7 = 12 macht, indem ihr die ersten zwölf Zahlen, 1, 2, 3, 4, 5, 6, 7, 8, 9, 10, 11, 12 = 78, zusammen addiert, so bekommt ihr zu eurem Erstaunen die volle Zahl der Blätter, aus denen das Buch Thot besteht. O! ihr Verehrer aller höheren Kenntnisse und besonders der hermetischen Philosophie, welche die einzige wahre Wissenschaft der Natur ist, die ihr mit großen Kosten andere unnütze unheilige Bände und Schriften erhandelt! – Kommt her und schöpft hier einige Zeit aus dem wahren Brunnen der Weisheit!

Zweiter Unterricht

In meinem ersten Unterricht habe ich, nach dem Beispiel der ägyptischen Weisen und eines ihrer Schüler, des großen Gesetzgebers der Hebräer, deutlich zu machen und zu beweisen gesucht, dass man nicht den Glauben und den Stolz haben müsse, als könne man unmittelbar von Gott die Schlüssel zu den Geheimnissen der Natur erlangen, dass man sich aber auch nicht so sehr erniedrigen müsse, höllische Geister anzurufen, und sie zur Entdeckung der Zukunft zu beschwören.

Die Gottheit hat uns zwar den Schlüssel in die Hände gegeben, welcher den Garten der ganzen Natur vor uns aufschließt; aber dieser Schlüssel ist nicht ein unmittelbares Geschenk, sondern das Vermögen, womit uns Gott ausgerüstet hat, das Böse von dem Guten zu erkennen und zu unterscheiden.

Die Offenbarung ist eine unmittelbare Gabe. Nicht jeder kann sich deren rühmen; sondern nur für den ist sie aufbehalten, welcher in die göttlichen Ausschlüsse eindringen kann, und welcher sie zu enthüllen weiß. Es wäre

Torheit von dem Menschen, und stolze Hoffart, die Ehre, das Geschenk zu erbitten, Enthüller der göttlichen Orakel und Geheimnisse zu sein!
Ja, in dem Mittelpunkt des unermesslichen Gartens, in welchen uns Gott gesetzt hat – nicht aber in dem Himmel oder in der Hölle, von welchen uns die Gottheit entfernt hat, müssen wir nach dieser Wissenschaft suchen und forschen. Sinne, Verstand sind uns die Führer, uns auf diesem Pfad der Natur zu leiten und zu lenken.
Ebenso ist es auch ein Beweis der größten Unwissenheit, wenn man Gott die Lenkung der kleinsten menschlichen Spiele gleichsam zuschreiben will. Müsste sonst nicht auch der Ton, den der Hammer auf der Glocke hervorbringt, ein Werk der Leitung von der göttlichen Hand sein? Nein! Nur Gott hat das ganze Weltall erschaffen, und das Gesetz ihm aufgeschrieben, dass wir alles finden sollen, wenn wir uns danach verhalten und danach streben.
Bei den ersten Schritten meiner Wissbegierde, es sind nun fast vierzig Jahre, war ich auch in jene Torheiten verfallen. Bei zunehmenden Jahren aber lernte ich, der Vernunft und der natürlichen Kenntnis nicht zu widerstehen, die sich in mir regten, und die mich zu meinen jetzigen Geheimnissen beriefen.
Noch andere Leute, außer jenen Illuminaten und jenen Geistesbeschwörern – Leute, die sonst geschickt, aber nicht in den höheren Kenntnissen eingeweiht waren – hielten es für ihre Pflicht, mich zu überzeugen, dass das Orakelerteilen und das Vorwissen der Zukunft nichts als Chimäre und Hirngespinst wäre. Ihre Sophismen und Schlüsse betrogen mich aber nicht; hier, sagte ich ihnen, wisst was euch begegnet ist, und euch jetzt bevorsteht und was euch morgen begegnen wird. Und so widerlegte ich sie durch den Augenschein.
Erstaunt über die Wahrheit und Gewissheit der Kunst, die Zukunft vorherzusagen, wollten sie nun zu leeren Ausflüchten ihre Zuflucht nehmen: – der Zufall, sagten sie, das Ungefähr, gewisse Kennzeichen sind es, welche machten, dass es eintraf. Aber ich habe euch doch gewisse Begebenheiten, die nicht vom Zufall abhängen, entdeckt und vorhergesagt, antwortete ich. – Ja, das ist wahr! – Nein Gelehrte, es gibt kein Ungefähr in der Welt, alles ist in Verbindung, alles in Ordnung zusammen gekettet! Diese Verbindung, diese Ordnung der Kette müsst ihr aber studieren, und ihr werdet Enthüller der Zukunft, Enthüller der Vergangenheit und der Gegenwart sein! –
Doch, ohne mich weiter darüber auszubreiten, sage ich nur: Menschen, ihr seid in der Welt hienieden, die Werke des Schöpfers zu betrachten, und seine göttliche Weisheit nachzuahmen: es sei euer Wille beständig, beständig eure Arbeit, Wunder zu schaffen, wie es die Arbeit der Gottheit war, immer hervorzubringen und Wundern Dasein zu geben. Um aber die Kenntnisse der Natur, welche für die Fassungskraft jedes Menschen sind, zu besitzen, muss man die Natur studiert haben. Dann bedarf man weder eines göttlichen Ein-

gebens, noch eines höllischen Geistesbeschwörers; man darf nur Freund des Menschen, Kenner der Natur sein.

Ihr habt nun in meinem ersten Unterricht gelernt, dass die Wissenschaft der Zahlen die Hauptkenntnis von allen höheren Kenntnissen sei, wie auch die Arithmetik, ohne Widerspruch gewiss, die Hauptsache von allen Wissenschaften ist, die wir besitzen.

Zweitens habt ihr gelernt, dass die Kenntnis der Zahlen zugleich die leichteste und einfachste von allen Kenntnissen sei; dass die Wissenschaft der Zahlen mit der Moral ein und dasselbe ist. Überdies habe ich euch noch gesagt, um euren Unglauben, wenn ihr von ihm beherrscht werdet, ganz zu besiegen, dass die ganze Moral mit der ganzen Wissenschaft der Zahlen in der Einheit 1 bestehe; dass man aber, weil man aus der geraden Einheit keine Kenntnis herausziehen könne, zu der großen Dreizahl seine Zuflucht nehmen müsse: zu der Dreizahl nämlich – Gott – Mensch – und Natur.

Lasst uns nun das Buch der Natur aufschlagen, zugleich aber auch an das Buch des Philosophen, an das Buch Thot denken; denn in diesem ist mit deutlicher Schrift das große Werk der Schöpfung der Natur, das große Meisterstück – der Mensch, und endlich in dem Menschen das große Werk der Gottheit, beschrieben und aufgezeichnet.

Wenn ihr euch nun unter einer Kugel die Vorstellung des ganzen Weltalls denkt; so wird diese Kugel auch, wenn ihr euren Verstand noch weiter erhebt und mit ihm eindringt, die Vorstellung, das Sinnbild der göttlichen Einheit sein. Steigen wir von der Ursache zu ihren Wirkungen herab; so wird die Kugel endlich auch die Vorstellung des Menschen, der Natur, und sogar das Sinnbild des ganzen Buches Thot werden.

Wir mögen nun diese Kugel unter einer Figur denken und betrachten, die wir nur wollen: so wird doch das Zentrum derselben den Mittelpunkt der Natur vorstellen. In dem Zentrum dieses Mittelpunkts wird der Mensch sein, und in dem Mittelpunkt des Menschen die Gottheit.

Betrachten wir also nach dieser errichteten Basis, den Menschen als in dem Zentrum der Kugel hingestellt; so wird sein Kopf den Zenith, und seine Füße uns den Nadir zeigen und zu erkennen geben.

Gehen seine Augen von diesen zwei Punkten aus, so kann er einen halben Zirkel beschreiben. Diesen halben Zirkel aber ganz zu vollenden, muss er zu seinem Verstand, das heißt, zu den höheren Kenntnissen seine Zuflucht nehmen. Dieser erste Zirkel soll der Äquator genannt werden; der zweite, den er mit den Spitzen seiner Finger beschreiben kann, der Meridian; und der dritte, von dem er einen Teil mit den Sinnen, den anderen Teil in Gedanken gezogen hat, der Horizont. Diese drei Zirkel sind nun völlig hinreichend, alles in den höheren Wissenschaften und den menschlichen Kenntnissen zu

beweisen, und deutlich zu machen: weniger dürfen aber nicht sein, denn die Dreizahl ist ganz notwendig zur Entdeckung und zu dem Finden der Wahrheit. Jetzt wollen wir fortfahren, für jeden Menschen fasslich zu reden, und auf ein andermal verschieben, es geometrisch auszudrücken.
Wenn man nun diese drei größeren Zirkel, die selbst in Rücksicht der Form der Erde richtig und wahr sind, auf der Kugel beschreibt, welche wichtigen Dinge entdeckt man da nicht! Gott als eine Einheit, welche eine Dreizahl gibt, den Menschen als ein Zusammengesetztes aus Seele, Geist und Körper; die Natur als ein Bestehendes aus Salz, Schwefel, Merkur; das Buch Thot in seinen unterschiedenen Teilen, als 22, der größten, 16 der kleinsten Zahl von allen, und 40 unbedeutenderen Blättern. So auch in der Arithmetik die Zahl 3, als aus dem geraden und ungeraden zusammengesetzt; in der Geometrie die drei Ausmessungen, Höhe, Länge, Breite.
Diese drei Teile, 22, 16, 40, könnten sie nicht das sein, was ihr den physischen Geist des Buches Thot nennt? Ja, sie sind es.
Die Kugel, oder die Welt 1, hat Gelegenheit gegeben zur Entstehung des Buches Thot; 3 machet den Geist von Jenem und Diesem aus; und 7 ist, wie Cicero sagt, der Schlüssel und der Aufschluss zu Allem.
Ehe wir aber weitergehen, ist es nun nötig, dass wir vor allen die Zahl, welche die Natur bedeutet, finden. Kann man sie aber wohl in der Zahl der vier Abteilungen, die wir in jeder Wissenschaft finden, und deren wir oben erwähnt haben, verkennen? –
Jetzt wollen wir aber die Kugel wieder zur Hand nehmen, indem wir immer nicht unterlassen, davon die Anwendung auf das Buch Thot zu machen. Denn die Kugel ist das Sinnbild der Natur, und das Buch Thot ist auch die Natur, weil es von den ersten großen Weisen nach der Natur ausgezeichnet und geschrieben worden ist.
Wie soll aber die große Zahl 5, oder die Gottheit in dem Zentrum der vier Hauptpunkte, und der vier Hauptelemente, aus denen das Weltall seine Existenz genommen hat, in der Kugel begriffen sein? – Wie die 22, unter allen Zahlen die größte – wie die 4 Abteilungen von jeder Sache? –
In dem Punkt des Zentrums der Kugel, antworte ich, in dem Mittelpunkt der vier Punkte des horizontalen Zirkels. Ja, ihr müsst, antworte ich, selbst dieses Zentrum in der Mitte einer vollkommenen Zahl 6 bestimmen und festsetzen. Die Abschnitte dieses Zirkels bilden 7 Punkte:

1. Der Zenith, wo die Gottheit ist.
1. Das Zentrum des Weltalls, wo der Mensch hingestellt worden.
1. Der Nadir, wo die Natur ist.
4. Vier Hauptpunkte 1 + 1 + 1 + 4 = 7.

Gebt ihr einem Menschen, in Rücksicht der 7 Punkte der Kugel, sieben höhere Kenntnisse; so ist er der größte Kabbalist. Weist ihr einem Geometer sieben Punkte in dem Zirkel, so wird er auf die Spur der Entdeckung aller mathematischen Wahrheiten gekommen sein; und endlich gebt ihr einem der Repräsentanten der französischen Nation in dem Nationalkonvent sieben Tugenden: so wird in sieben Tagen Frankreich zu Edens Garten aufblühen, der vor Adams Fall und der Eva Lüsternheit auf Erden war. Und warum? Weil die Zahl 7 der Schlüssel zu allen Dingen ist, und weil, wie ein hermetischer Philosoph richtig gesagt hat, man des Schlüssels bedarf, um auf- und zuzuschließen. Habt also das Buch Thot immer in euren Gedanken, und ihr findet, dass 1 Gott ist; 2 der Mensch – Mann und Weib (keins darf aber eine geheime Zweideutigkeit von hermaphroditischer[3] Bildung an sich haben); 3 die Grundstoffe der Natur; 4 die Elemente aller Dinge und Wissenschaften; und 7 endlich der Schlüssel zu allen Kenntnissen, welcher für den Weisen in der Natur aufbewahrt ist.

Gott wird in der Mitte der Kugel von 6 Radien oder Strahlen umgeben. 6 ist die erste vollkommene Zahl bei den Geometern, wie 28 die zweite vollkommene ist. Ebenso dachten auch schon, wie das Buch Thot es beweist, die weisen Ägypter vor viertausend Jahren.

Die höchste Zahl von Punkten, welche 3 Zirkel, auf einer Kugel beschrieben, hervorbringen, ist, mit dem Punkt des Zentrums gerechnet, 7. Wenn ihr nämlich die Kugel oder eine Zitrone in drei Zirkel schneidet; so habt ihr die sieben Punkte und zugleich die Zahl 8, denn 7 und 8 machen, wie ihr wohl wisst, 78, als die Zahl der Blätter des Buches Thot. Dieses ist euch wieder ein Beweis, wie dieses erhabene Buch in jeder Rücksicht mit den tiefsten Kenntnissen von Gott, von der Natur, dem Menschen und den Zahlen abgefasst worden ist.

Aber was ist dieses alles erst in Rücksicht, wenn ihr die subtile Ausrechnung der Zahl 78 finden werdet, welche nach den Hieroglyphen bis auf 360 steigt, und welche wieder ohne Brüche dividiert werden wird! Damit wir nun aber desto leichter zu einem einfachen Unterricht unserer zweiten Lektion kommen; so wollen wir jetzt die drei Stücke mit dem Rest 24 ... 11, 17, 26, welche aus unserem Verfahren herausgekommen sind, vor uns hinzeichnen.

26...............1
17............1
11.........1
24

[3] zweigeschlechtlich, zwittrig. (rs)

Lest hier von der rechten zur linken Hand, wie ihr auch die Blätter des Buches so in Reihen habt hinlegen müssen: von 1 bis 26, von 1 bis 17, und drittens von 1 bis 11.
Da nun 26 die Seele, 17 der Geist und 11 der Körper des Buches ist, so gibt auch 24 das Leben, welches durch den Überrest angedeutet wird, zu verstehen, dass ihr die Aufschlüsse und Orakel, die ihr in den drei Reihen allein findet, nicht für ganz gewiss und untrüglich halten sollt. Doch müsst ihr alles laut hersagen und verkündigen, wie ihr es vor euch seht.
Wenn die Blätter, 1 und 8 bezeichnet, sich in der nämlichen Reihe befinden, so ist das ein Zeichen, dass der, der euch fragt, verheiratet ist. Wenn das Blatt 1 gleich an die erste Stelle Nr. I. der ersten Linie oder Reihe kommt; so ist es gewiss, dass die Tugend bei dem über die Sinnlichkeit den Sieg hat, welcher nämlich euch fragt. Kommt hingegen das Blatt 1 an die Stelle der 26 in der ersten Reihe; so haben die Leidenschaften das Zepter über die Tugend.
Wenn die Zahl 1 – für einen Fragenden (für eine Fragende muss es die 8 sein) nicht auf die Stelle der 26 kommt: so habt ihr wahrzusagen, dass der Fragende nicht auf dem rechten Pfad des Glücks und der Tugend ist. Und ihr müsst ihm, da ihr sein geistlicher Arzt sein sollt, seine Krankheit und die Heilungsmittel hier zugleich angeben.
Die Art der Krankheit könnt ihr fast allemal aus den ersten der 26 Blätter sehen. Das Heilungsmittel ist aber mehr oder weniger entfernt in dem fünfmaligen Hinlegen der Blätter des Buches Thot angezeigt: gemeiniglich muss es sich aber höchstens in dem vierten Mal des Hinlegens offenbaren.
Fällt die 8 allein (bei einem Fragenden nämlich) in die Reihe der 26 Blätter, so sagt ihm, dass das Frauenzimmer, welches den Fragenden am meisten interessiert, richtiger sieht als er, oder dass sie wenigstens auf das Glück, auf das Haus und das gute Verhalten des Fragenden aufmerksamer ist.
Das Blatt 1, der Forscher, mag nun mit unter den Blättern in den Reihen erscheinen, oder nicht; so muss man ihn sich doch bei dem Anfang jeder Reihe hindenken, und bei dem Anfang jeder Enthüllung der Zukunft. Fällt er aber auf die erste Stelle, Nr. I. der 26; so sagt dem Fragenden, dass er Fähigkeit und Verstand habe, dasjenige in sich selbst zu leiten und darüber nachzudenken, was ihn interessiert und am Herzen liegt.
Der Orakelerteiler muss alles mit lauter, gewisser, artikulierter und langsamer Stimme vorsagen, was er vermöge der Kunst in den geheimnisvollen bedeutenden Blättern angezeigt findet. Hat er aber kein umfassendes Gedächtnis genug, die Anzeigen, die Merkmale und Bedeutungen von dem erste Mal des Blätterlegens bis auf das letzte Mal genau und sicher zu merken und sich gegenwärtig zu erhalten; so muss er sie sich aufschreiben. Denn nur aus dem Ganzen des fünfmaligen Blätterlegens kann und muss in gehö-

riger und ordentlicher Bemerkung der Zeitfolge, der Ortumstände, das ganze Gewebe von Aufschlüssen und Anzeigen, gebildet und bestimmt werden.
Derjenige, der diese Kunst, aus den Blättern Orakel zu erteilen, bis zum vierten Grad besitzt, ergreift, mitten in der Menge der Gegenstände, die sich vor ihm aufdringen, richtig und genau jede Beziehung, jedes Verhältnis, um daraus eine verbindende Kette der Lebenszufälle zu bilden und sie in verbindender Ordnung dem Fragenden vorzuhalten. Wer aber den Faden seiner Beobachtungen vergisst, der ist demjenigen gleich, der die Folge von Ursache und Wirkung vergessen hat. In diesem Falle ist eine richtige Folgerung von Lebensumständen unmöglich.
Die Kunst, die Wissenschaft und die menschliche Weisheit vereinigen sich zusammen in den hieroglyphischen Zeichen des Buches Thot. Der wahre Enthüller der Zukunft, der bis zum dritten Grad seiner Kunst eingedrungen ist, geht der Natur immer auf ihren Spuren nach, und findet sie so gleichsam nackt enthüllt vor sich da liegen. Geschickt, alles aufzufassen, was er auf ihrem Pfade findet, verstümmelt er sie nicht, wie der falsche Orakelerteiler, der von dem Fragenden listig seine Lebensumstände und Geheimnisse herauslockt. Gewiss kein Mensch kann den Namen eines großen Mannes verdienen, der nichts von dem Seelenvergnügen weiß, welches der Philosoph in seinem Kabinett genießt, wenn er, von stummen, unbeweglichen, tauben Freunden, den Hieroglyphen umringt, die Stimmen versteht, welche ihm die Gottheit, die Natur und die Menschheit, in denselben gibt.
Da ich euch nun über die Erklärung des ersten Blätterlegens Anweisung gegeben habe, wie ich es auch noch ausführlicher weiter unten tun werde, so müsst ihr nun, indem ihr immer die Bedeutungen des ersten Blätterlegens genau im Gedächtnis behaltet, die 78 Blätter oder das ganze Buch wieder zusammennehmen, um das zweite Mal das Blätterlegen zu veranstalten.
Vermengt also die Blätter wieder mit abgewandtem Gesicht. Lasst sie abheben und legt dann eine Reihe von 17 Blättern, indem ihr immer ein Blatt nach dem andern von dem ganzen Buch wegnehmt:

17...........1

Jetzt aber seht euch nun das 18. Blatt an, welches auf dem Buch liegt, wie auch das 78., als das letzte des Buches. Das Ansehen dieser zwei Blätter, welches uns allein die ersten Weisen erlaubt haben, lässt uns nun zweierlei finden,

1. wie der Fragende gegen den weisen Enthüller der Zukunft gesinnt ist, was er für ihn auf dem Herzen hat;

2. was die Ursache ist, wenn sich die Korrespondenz bei dem ersten Abheben nicht errichtet hat.

Wenn ich also entdecke, dass der, der mich fragt, nicht ganz in Korrespondenz mit mir ist: So geben mir das 18. und das 78. Blatt die Ursache davon an. Zugleich entdecken mir aber auch die nämlichen Blätter – die Korrespondenz zwischen mir und dem Fragenden mag auch noch so wenig und gering sein – was der Fragende von mir denkt. So kann man aus einer Sache zwei Dinge zugleich sehen.
Der Enthüller der Zukunft denke genau über diese zwei Blätter, das 18. und 78., nach: Denn sie sind das einzige Verwahrungsmittel, welches ihm die Weisen verliehen haben, sich gegen die Schlingen in acht zu nehmen, die ihm eben so unverdient als boshaft gelegt werden können.
Diese 17 Blätter, welche das ganze zweite Verfahren des Blätterlegens ausmachen, müssen eines nach dem andern von dem Buche Thot genommen werden, so dass das erste Blatt des Buches auch Nr. I. komme, indem man die Reihe von der Rechten zur Linken zu legen anfängt, 17..... 1.
Ist nun die Reihe gelegt, so muss der Orakelerteiler (welches er allemal bei jeder Reihe beobachten muss) das 17. Blatt an die Stelle des 1. Blattes zu seiner Rechten, und das 1. Blatt an die Stelle des 17. zu seiner Linken legen. Dieses nennt man wieder aufheben 1, 17; 2, 16; 3, 15; usw., denn die Blätter zur rechten Hand des Orakelerteilers müssen allemal zu seiner Linken gelegt, und so von der Rechten zur Linken gelesen werden.
Allemal, wenn die Zahl der Blätter in einer Reihe ungleich ist, so wird das mittlere Blatt – nachdem das Wiederaufheben geschehen ist, als Überrest bei Seite geworfen, weil es kein Blatt hat, das ihm parallel ist.
Ehe wir aber jetzt weiter in unserer zweiten Lektion fortgehen, wollen wir noch vorher auf einen wichtigen Umstand Rücksicht nehmen.
Es ist nämlich bei der Korrespondenz der Geister die Frage, ob sie wirklich, da sie von unserem Verstand nicht begriffen werden kann, ob sie schon hundert Beispiele aus der Erfahrung beweisen, ob sie wirklich, sag ich, außer allen Zweifel setzt, dass das Buch Thot Orakel und Aufschlüsse geben könne. Will nämlich der Orakelerteiler behaupten, dass er in dem Buch Thot alle Begebenheiten des Lebens in der Ordnung, wenn, wo sie geschehen sind oder geschehen werden, zu lesen wisse; so muss er nicht allein beweisen, dass eine Korrespondenz zwischen ihm und dem Fragenden stattfinde, eine Korrespondenz zwischen dem Buche Thot, dem Fragenden, und ihm als dem Orakelerteiler zugleich; sondern er muss auch noch dartun, dass eine Korrespondenz, eine eingreifende Verbindung zwischen allen lebendigen und leblosen Wesen stattfinde, welche, während dem Leben des Fragenden, alle

seine glücklichen oder unglücklichen Ereignisse bestimmen, Ereignisse, deren unglückliches Opfer er wird, oder deren Gegenstand er zu seinem Glück ist. Die Korrespondenz im Allgemeinen, deren einzelne Teile, einzelne Verbindungen in bald moralischer, intellektueller, bald physischer Rücksicht, sind aber nicht allein so zahlreich, sondern noch hunderttausend Mal schwerer zu bestimmen und auseinander zu setzen, als die unzähligen Veränderungen, welche die 78 Blätter des Buches Thot in ihrer Lage leiden. Welche Geheimnisse walten hier nicht ob! Nehmt eure Zuflucht zu dem Buch der Weisheit, zu dem Buch Thot.

Ja, in diesem Buch findet ihr nicht allein die Wissenschaft, die Kunst, die tiefe Weisheit des Enthüllers der Zukunft aufgezeichnet, nicht allein die verschiedenen Lagen, welche zwischen den 78 Blättern des Buches Thot möglich sind, nicht allein die verschiedenen Erscheinungen, Ursachen, Wirkungen der Korrespondenz, sondern auch alles das, was euch eine treue Schilderung, ein treues wahrhaftes Gemälde der ganzen Verbindung unseres Weltalls liefern kann.

Um aber nicht zu glauben, dass man so gleichsam wie ein Schiff, das von tausend Wellen bald dahin, bald dorthin geschleudert wird, in dem Weltall sei, so muss ich allen denjenigen sagen, die mich und das Buch verstehen, dass der Grund von allem, was man in dem Buch findet, auf der Verbindung der 26 Buchstaben des Alphabets beruhe.

Um aber endlich auch die Gelehrten selbst zu überzeugen, dass es wert sei, sich mit aller Anstrengung der Wissenschaft des Buches Thot zu weihen, so sage ich:

Unsere 26 Buchstaben haben an sich keine andere Eigenschaft, als die, Worte zu bilden, welche Worte zu kleinen Hieroglyphen werden, aus denen und durch die man ganze Reden zusammensetzen kann. Diese Hieroglyphen machen die ganze Wissenschaft unseres Buchs Thot aus.

Es folgt daraus, dass unsere heutigen Buchstaben nicht mehr die der alten Völker sind. Die Hieroglyphen des Buches Thot sind schon an sich selbst hieroglyphisch.

Mit der gehörigen Kenntnis ausgerüstet, kann man ebenso wenig ihre Synonyme und Homonyme[4] verkennen, als man mit Kenntnis der Grammatik die Synonyme unserer Sprache unverständlich finden kann.

---

[4] Ein Homonym ist ein Wort, das für verschiedene Begriffe oder verschiedene Wesenheiten steht. – Der gegensätzliche Begriff (das Antonym) zum Homonym ist das Synonym, bei dem unterschiedliche Bezeichnungen für denselben Begriff verwendet werden. Zitiert nach: de.wikipedia.org/wiki/Homonym. (rs)

Dritter Unterricht

Welches Missgeschick ist es nicht, dass alle Kenntnisse, Künste, Wissenschaften, alle Teile der Natur selbst, welche das höchste Glück des Menschen zu befördern die Absicht haben, die Ursache seines Elends, den Grund seines Unglücks enthalten?

Aus der Einheit eines Gottes, aus der reinen einfachen Moral, welche die Gottheit selbst in die Seelen der ersten Menschen gepflanzt hat, wie sie jetzt noch in den wahren Eingeweihten der hermetischen Philosophie da ist und gefunden wird, entstand die Mehrheit der Götter, der Götzendienst und der Fanatismus, welcher unsere Zeiten verpestet.

Aus den natürlichen und dem Menschen höchst wichtigen Kenntnissen entstanden durch unwissende Leute alle nur mögliche Irrtümer und Trugschlüsse, welche endlich selbst gelehrte Männer an der Notwendigkeit und Nützlichkeit der Wissenschaften und der Künste zweifeln ließen.

Indem sich mir diese Bemerkungen aufdrängen, und überdies noch überzeugt, dass die falsche unrichtige Kunst die Blätter zu legen nur aus der wahren, die uns die Kette der menschlichen Schicksale finden lehrt, entstanden ist, von welcher Furcht muss ich nicht jetzt geängstigt werden, da ich eine Wissenschaft niederschreibe und an den Tag gebe, welche die ersten ägyptischen Weisen erfunden hatten, um alle Wissenschaften zu der Stufe der Vollendung zu bringen, die für das Glück des Menschen höchst nötig ist?

Aber was! – Weil Zutrauen dem Dieb die Türe öffnet, sollte ich als ein furchtsamer Mensch die Wissenschaft verheimlichen – meinen Mitgenossen, der Nachkommenschaft nicht die Kunst entdecken, ohne welche, ich gestehe und behaupte es, niemand, aber auch wirklich niemand vollkommen glücklich werden kann?

Ja, um außer allen Streit zu setzen, dass jedermann, wenn er nicht die erhabene ägyptische Kunst Orakel zu erteilen versteht, höchst unglücklich ist, brauche ich nur zu beweisen, dass sie es ist, welche den menschlichen Verstand ordnet und ausbildet, dass sie es ist, welche verdient, die Kunst des menschlichen Verstandes genannt zu werden.

Dass ohne sie, ohne diese Kunst, unsere ganze Erziehung Nichts ist. Ja, ich scheue nicht, da einmal diese erhabene Göttin, diese Führerin des Menschen da ist, ich scheue nicht, sie das *Nonplusultra* aller Erziehung zu nennen, aus dem Grund, weil sie uns vor jedem Fehltritt durch ihre Winke und Aufschlüsse warnt und zurückhält.

Nicht weniger Angenehmes und Anlockendes hat diese Kunst. Denn in wenigen Tagen setzt sie selbst ein Kind von 15 Jahren in den Stand, wider einen Menschen von 40–50 Jahren zu streiten, über alle Dinge, wo nicht von gedrucktem Recht die Rede ist, von gedrucktem Recht, welches selbst die Werkstatt des Teufels ist, dessen Bosheit alle die hässlichen, langweiligen Umwege des Prozesses lehrt.

Da nun aber diese erhabene Kunst, die Zukunft zu sehen, nicht in den höllischen Tiefen des Zwistes ihren Wohnsitz hat, so zeigt sie uns auch, um uns zu sichern, alle die Eingänge und Schlünde desselben, alle die gefräßigen Ungeheuer, welche die armen unschuldigen Opfer hineinziehen, unter dem Betrug, sie vor ihren Feinden zu schützen, unter der wahren Absicht aber, von ihrem Blut bis auf den letzten Tropfen zu saugen.

O, die ihr, wie der Logiker sagt, von dem Nebel und Unglück anderer lebt, ihr Türhüter, Hetzhunde und Ratten, die ihr alle schwarze Kleidung tragt, kommt her zu mir, nehmt nur sechs Stunden Unterricht in meiner erhabenen Kunst der Weisheit; und ihr werdet begreifen, wie diese Farbe der Talisman des Satans ist, der immer zum Bösen treibt.

Ihr werdet lernen, dass wir, ohne diese Wissenschaft, alle Tugenden nur wie die Tiere ausüben, die uns das Gelernte vormachen, aus Furcht entweder geschlagen zu werden, oder aus Hoffnung, eine kleine Belohnung zu empfangen. In der Tat, wenn ihr nicht in diese Kunst, alles nach Grundsätzen zu tun, euch habt einweihen lassen, so kann eure Tugend nur auf die Hoffnung einer Belohnung gegründet, oder auf die Furcht der Bestrafung, wenn ihr sie unterlasst, gestützt sein.

Ja, ich wage es, feierlich zu behaupten (um nicht all die Vorteile einzeln aufzuzählen, die uns die Wissenschaft dieser einzigen Kunst auf Erden gewährt), dass niemand vor den hundert und tausend Zufällen, die ihn beständig bedrohen, einen Zufluchtsort hat, wenn er nicht im Besitz dieser vorherwissenden Kunst sei, dass niemand ohne sie sicher schlafen, ja sicher handeln könne.

Alles das aber, was wir jetzt sagen, ist gewiss keine Geburt eines erhitzten, wahnsinnigen Gehirns. Zwanzig Federn könnten diese Wahrheiten beweisen, hundert Federn würden uns gegen die Unwissenden rächen, die sich einfallen ließen, des großen Mannes zu spotten, sich der erhabensten Wissenschaft zu widersetzen, von der sie keine Idee und keinen Begriff haben.

Da nun die gelehrten Ausleger des Buches Thot, welche ganz mit uns übereinstimmen, durch Tatsachen das beweisen, was ich jetzt behauptet habe; so will ich jetzt die wahren Liebhaber und Verehrer zu dem theoretischen und praktischen Unterricht der dritten Lektion in der ägyptischen Orakelkunst sogleich hinführen. Doch ehe wir aber dahin kommen, wollen wir noch vorher sehen, ob wir nichts in den zwei vorhergehenden unterlassen und vergessen haben. Bei dem ersten Male des Blätterlegens teilte man das ganze Buch Thot in drei Reihen, welches drei Mal wiederholt, die Zahlen gab

24 ...... 11.17.26.

Bei dem zweiten Mal, nachdem die Blätter wieder gemengt worden, von dem Fragenden abgehoben, und das ganze Buch wieder als eins zusammengelegt worden ist, nimmt man oben von dem Buch 17 Blätter, eins nach dem anderen, weg, und legt sie hin. Der Orakelerteiler besieht dann das darauf folgende 18. Blatt, und das 78. als das letzte; ohne dass er aber diese zwei Blätter den Fragenden sehen lässt. Dieses führt uns nun zu mehreren Bemerkungen. Die falsche Kunst, die Blätter zu legen, hat so weit unter den Menschen um sich gegriffen, und die wahre einzige Kunst, aus dem Buch Thot Orakel zu erteilen, entfernt, dass man fast keinen einzigen Fragenden mehr antrifft, der nicht so neugierig sei, die Blätter, wie er sie abhebt, zu besehen und anzuschauen.

Ebenso hat man auch den Aberglauben, auf den Tag acht zu haben, und besonders die ersten Freitage jedes Monats das Blätterlegen vorzunehmen, wie auch mit der linken Hand abzuheben. Ja, selbst der Aberglauben ist durch die Fragenden, welche an das Geisterbeschwören glaubten, eingeführt worden, in dem Haus des Wahrsagers eine Stecknadel, einen Faden Zwirn, oder eine andere Kleinigkeit hinfallen zu lassen. Wer sieht aber nicht, dass dieses gar keine Verbindung haben kann mit den Ereignissen, welche sie wünschen, dass sie der Orakelerteiler vorhersage.

Das, was noch eine Geburt unwissender Leichtgläubigkeit ist, besteht darin, dass man seiner Hoffnung und dem Zutrauen gar keine ordentlichen Grenzen setzt. Immer überschreitet man das Extrem; man glaubt und hofft entweder mehr als das menschliche Wissen erlaubt; oder aber man glaubt und hofft weniger, als doch das menschliche Wissen kann.

Und in beiden Fällen betrügt und täuscht man sich.

Ich rate daher, dass man kein Urteil fälle, dass man seine Hoffnung nie das Extrem überschreiten lasse, ehe man selbst mit der Sache bekannt sei und die Orakel gehört habe. Ich sage aber auch, dass das Zutrauen, welches man zu dem Enthüller der Zukunft hat, nicht größer sein dürfe, als das Salär, welches man ihm gegeben hat. Denn es wäre ungerecht, ein ganzes vollständiges Gemälde der Lebensumstände zu erwarten, wenn der Fragende den Orakelerteiler nur für einen kleinen Abriss derselben bezahlt hat.

Die meisten von den Unwissenden, welche es zu ihrem Vorteil für gut gehalten haben, sich für Wahrsager und Wahrsagerinnen auszugeben, haben den Teufel mit in ihr Spiel ziehen wollen; andere wieder haben das Entgegengesetzte befolgt, und Gebete, Psalmen, Vaterunser, Ave-Marias vor ihrem Orakelerteilen herzumurmeln, für gut und notwendig gehalten.

Man sieht daraus, wie viele sich haben verführen lassen, etwas für Philosophie der Orakel zu halten, was gar nichts ist, wie viele den wahren Enthüller der Zukunft entweder in einem Priester oder in einem Geisterbeschwörer zu finden geglaubt haben.
Hier ist das wahre Geständnis meines Herzens, was ich tun würde, wenn ich nicht Etteilla wäre, wenn ich bloß meiner Erfahrung und meinem Herzen folgte: Ich würde die Kunst, in die Zukunft einzudringen, lernen, und mich ihr widmen, weil sie zum guten und glücklichen Leben unentbehrlich ist; und weil ich glaube, dass es ohne diese Wissenschaft unmöglich ist, nur dem zwanzigsten Teil der unglücklichen Ereignisse zu entgehen, vor welchen sie uns schützt und sichert. Denn nur aus dieser Absicht haben die ägyptischen Weisen diese erhabene Kunst erfunden, wie die Schrift, um Worte zu schreiben. Wenn ich nun diese Kunst, wenigstens bis zum zweiten Grad gelernt hätte, so würde ich nun für mich mit dem nämlichen Fleiß darinnen fortarbeiten, als ob ich mich täglich eine halbe Stunde auf dem Fortepiano übe.
Von Zeit zu Zeit würde ich dann meinen Lehrmeister in dem Orakelerteilen kommen lassen, um mich mit ihm über den Geschmack und die Gewissheit dieser Kunst zu unterhalten.
Hier ist nun der Ort, dass ich erinnern muss, dass es ebenso wenig Schande ist, zu einem wahren Enthüller der Zukunft zu gehen, wie zu einem Advokaten. Aber freilich muss man hier den Vorurteilen und der Unwissenheit nachgeben, und dieses umso mehr, weil viele, immer von falschen Kartenlegern und Wahrsagerinnen betrogen, sich nicht mehr, oder nur schwer überzeugen können, dass wirklich eine höhere Kunst, eine höhere erhabene Wissenschaft da ist, als diejenige ist, welche die gemeinen alltäglichen Kartendeuterinnen von sich rühmen.
Ich wiederhole noch einmal, was ich schon öfter gesagt habe, dass diese geheimnisvolle Wissenschaft, die mich in ganz Europa bald im Guten bald im Bösen, je nachdem man wahre oder falsche Begriffe von der Sache hatte, berühmt gemacht hat, dass diese Wissenschaft, sage ich, noch einst das im helleren Lichte zeigen wird, was uns die Natur, der Verstand, und alle Wissenschaften jetzt lehren. Es ist gewiss keinem unbekannt, wie sehr Galiläus[5] verfolgt wurde, da er die Unbeweglichkeit der Sonne im Mittelpunkt des Weltalls lehrte; was Raimundus Lullius[6] für Mühe hatte, in Europa das Stu-

---

[5] Galileo Galilei (1564–1642) wies die Theorie eines heliozentrischen, also um die Sonne kreisenden Planetensystems, die bereits im Jahrhundert zuvor durch Nikolaus Kopernikus entwickelt worden war, wissenschaftlich nach. – (rs)

[6] Raimundus Lullus (katalan. Ramon Llull; manchmal auch nur Lull, *1232 in Palma de Mallorca; † Anfang 1316 auf der Fahrt von Tunis nach Mallorca) war ein katalanischer Philosoph, Logiker und Theologe. – Llull war aufgrund seiner Christusvisionen als Missi-

dium der morgenländischen Sprachen einzuführen; und gewiss endlich, ein jeder weiß aus Erfahrung, was das allenthalben für Widerstand und Widerspruch findet, was man nicht Verstand genug hat, zu erfinden und einzusehen. Aber gewiss, ein jeder ist auch überzeugt, dass früher oder später die Wahrheit doch endlich siegen muss. Und dieses ist auch die einzige Belohnung, die ich mir von meinem Unterricht und meiner Mühe verspreche und hoffe.
Ihr erinnert euch unstreitig dessen noch, was ich schon erklärt habe, dass nämlich das erste Verfahren des Blätterlegens uns die Zahlen 11, 17, 26 gab, bedeutende Zahlen in Rücksicht auf das zweite und dritte Mal Blätterlegen. 11 ist aber auch bei diesem dritten Mal Blätterlegen merkwürdiger als jede andere Zahl; da die 11 doch aber auch eine Zahl ist, welche die menschliche Schwachheit anzeigt; so kann das dritte Mal Blätterlegen nicht so gewiss und zuverlässig für die Wissenschaft des Orakelerteilens sein, wie das zweite Mal. Ebenso ist das vierte Mal Blätterlegen gewisser und stärker als das dritte Mal, und das fünfte Mal hingegen weniger stark als das vierte Mal. Doch dieses alles, was ich über die Stärke und Schwäche des Blätterlegens sage, in Rücksicht auf die Gewissheit des Orakelerteilens, betrifft nur die spekulative Theorie, oder die Philosophie des Buches Thot, und gehört nur für die Fassungskraft derjenigen, welche bis zum dritten Grad dieser Wissenschaft gekommen sind. Denjenigen, die nur bis zum zweiten Grad gekommen sind, oder wohl gar noch im ersten stehen, kann diese theoretische Aufklärung nichts helfen. Wenn ihr nun also das Buch Thot in eurer Hand habt, so vermengt es, lasst es abheben und legt es dann wieder zusammen.

Legt nun das erste Blatt des Buches Thot zu Nr. I. – und so weiter die folgenden in die Höhe bis zu Nr. XI.
Das 12. Blatt, welches darauf folgt, zu Nr. XII. und so die folgenden wieder in die Höhe bis zu Nr. XXII.
Das 23. Blatt zu Nr. XXIII. und die anderen die Querreihe fort bis zu Nr. XXXIII.
Das 34. Blatt zu Nr. XXXIV und die folgenden in einem Zirkel durch 44, 45, 55, 56, 66.

---

onar im gesamten Mittelmeerraum tätig. Daneben lehrte er auch an den Hochschulen von Paris und Montpellier. Er war beeinflusst durch drei Kulturen – die christliche, die islamische und die jüdische. Er schrieb einen großen Teil seiner über 280 Werke auf lateinisch und katalanisch. Damit wurde Llull zum Begründer der Katalanischen Literatur. Seine arabischen Werke sind verloren gegangen.
Zitiert nach: de.wikipedia.org/wiki/Ramon_Llull. (rs)

Indem ihr so die Blätter des Buches Thot nach dieser Ordnung hinlegt, müsst ihr noch (wenn ihr nämlich einem vom männlichen Geschlecht Orakel erteilt) das Blatt 1, wenn es kommen sollte, an die Stelle bei A. hinlegen. Hingegen müsst ihr, wenn ihr einem von dem weiblichen Geschlecht die Zukunft enthüllt, das Blatt 8 an die Stelle legen. Überdies soll euch auch noch das A., welches im Zentrum des Zirkels steht, andeuten, dass alle Blätter, welche diesen Zirkel bilden, mit dem Kopfe nach A. zu, mit den Beinen aber nach außen liegen müssen.

Wenn das Blatt 1, welches jederzeit den Forschenden vorstellt (wie das Blatt 8 die Forschende), nicht mit unter den 66 hingelegten Blättern erscheint; so müsst ihr es in den 12 übrigen Blättern suchen. Es bleiben euch dann noch 11 Blätter als Rest übrig; denn entweder nur das Blatt 1, oder das Blatt 8 muss in die Mitte an die Stelle A.

In diesem ganzen Verfahren des Blätterlegens ist zweierlei besonders merkwürdig. Die ganze Summe der Blätter hier beträgt 67, in diesen ist uns allen 11 sichtbar: zweitens die 7 Punkte der Kugel, welche hier durch die 7 mal 11 ausgedrückt und angedeutet sind. Übrigens sind 8 Teile, wenn man das Blatt als einen Teil rechnet, welches im Zentrum liegt. Diese Form des Blätterlegens nennt man gemeinhin das Glücksrad; aber besser heißt es die Zirkellinie der drei Zeiten des Lebens.

Die Blätter, die von 1 bis 11, und von 34 bis 44 liegen, deuten uns die vergangenen Ereignisse, die Begebenheiten der Vergangenheit an.

Die Blätter, die von 23 bis 33 und von 45 bis 55 zu liegen, zeigen uns die gegenwärtigen, die Begebenheiten der Gegenwart an.

Und die Blätter von 12 bis 22 und von 56 bis 66, enthüllen uns die Ereignisse, die uns künftig in der Zukunft aufstoßen werden.

Nachdem ihr nun die 67 Blätter nach vorgeschriebener Ordnung gelegt habt; so hebt 34 zu eurer Linken und 1 zu eurer Rechten auf, und sagt: Dieses oder jenes (was uns die Blätter anzeigen), ist vergangen, ist geschehen. So müsst ihr allemal 2 Blätter nehmen, bei der Vergangenheit, Gegenwart und Zukunft.

Das einzige, was ihr bei den Blättern, die die Zukunft bedeuten, merken müsst, ist, dass ihr 56 und 12 zugleich aufhebt, so dass 66 und 22 als die Blätter der noch späteren Zukunft zusammentreffen. Dieses Verfahren kommt daher, weil 12 eher hingelegt worden ist als 22.

Wenn ihr nun alles erklärt habt, was ihr in diesen hingelegten Blättern gefunden, und nachdem ihr sie wieder zusammengenommen; so vergesst nicht die 7 mal 11 dieses Blätterlegens, indem ihr euch bei dem vierten Mal desselben danach richten, und es durch die 7 oder 11 veranstalten müsst.

Es ist aber sehr gut, da ihr eben ein sehr schwaches Glück in Rücksicht des Orakelerteilers gemacht habt, dass ihr nun ein starkes veranstaltet, und dass ihr die Zahl 7 nehmt, da ihr schon 11, als das Sinnbild der Schwachheit, gehabt habt.
Ja, da fast gar nichts bei dem vierten Male vor euch versteckt und unverhüllt bleiben soll: so müsst ihr schon in dieser Rücksicht die Zahl 7 wählen, weil sie der Schlüssel zu allen Dingen ist.
Es könnte aber hier vielleicht einem Liebhaber dieser Wissenschaft die Bemerkung aufstoßen, dass wir anderswo gesagt haben, dass 1, 3, 5 die starken bedeutenden Zahlen sind, da wir doch hier hingegen 2, 4 davor annehmen und erkennen.
Allein, man muss sich merken, dass ich dort von den Zahlen an sich selbst geredet habe, und nicht, wie jetzt, von der Zahl, wie oft man die Blätter legt; dass ich dort von den Zahlen als Ursachen sprach, nicht aber wie jetzt von den Zahlen als ihren einfachen Eigenschaften. Diese Zahlen also, 1, 3, 5, muss man hier bloß als etwas Gegebenes ansehen, von dem man sich die Ursache, wie bei vielen anderen Dingen, selbst macht. Es ist bei unserer Kunst ebenso, wie in der Musik, Mathematik, und allen andern Wissenschaften, wenn man nicht bloßer Abschreiber ist. Man vermehrt die unnützen Anhänge der Wissenschaft, ohne dass man sie kennt und ausübt.
Endlich muss auch der, welcher bloß praktische Kenntnis und kein Genie für die Wissenschaft hat, welches ihn immer belebe, notwendig früher oder später zu einer gewissen List seine Zuflucht nehmen, welche ihn aller Schande aussetzt.
Übrigens ist es aber auch gewiss, dass die höheren Wissenschaften weit leichter sind, als die gemeinen alltäglichen, eben darum, weil jene, je mehr sie erhaben sind, bloß durch und für den Verstand arbeiten.
Ebenso ist es auch mit den schönen freien Künsten, z. B. mit der Malerei. Ob sie schon ihre Schwierigkeit hat, so ist doch ausgemacht gewiss, dass sie weit leichter ist, wenn man Empfindung für die Natur hat, als wenn man keinen Sinn für sie hat.
So ist es auch weit leichter, die Wahrheit einzusehen, als die Lüge; denn je mehr sich etwas der Natur nähert, desto leichter ist es für den Verstand des Menschen, es zu begreifen.
Die Kunst, Orakel zu erteilen, ist an sich so einfach, dass man sie für den gemeinsten Kinderverstand anpassend glauben muss, wie sie es auch wirklich ist. Aber, wie alle Wissenschaften, erhebt auch sie sich stufenweise immer zu Schwererem, doch ohne sich von der Fassungskraft desjenigen zu entfernen, der sie fragt.

In der Geometrie werden ebenso die Theoreme nach und nach schwerer, je weiter man in ihrer Wissenschaft vordringt.
Die Grundsätze in der Kunst des Orakelerteilens sind ebenso einfach wie wahr. Man kann sie nie verkennen. Aber, wie jede andere Kunst, hat auch die unsere ihren eigenen Geist.
Wenn zwei Eingeweihte in dieser erhabenen Kunst sich über irgend einen Satz streiten, über den z. B., den ich unten erzählen werde, und der einmal in dem Unterricht vorkam, welchen ich einem Mitglied der Nationalversammlung gab; so müssen sie jederzeit von den ersten Grundsätzen ausgehen, und sich an sie halten; jedoch dass sie auch immer auf den eigenen Geist derselben Rücksicht nehmen.
Der Satz nämlich, den ich anführen will, und der Fall, den ich erlebt habe, verdienen um so mehr die Aufmerksamkeit aller Gelehrten, je mehr die Richtigkeit der Sprache dabei mit ins Spiel kommt. Dieser letzteren Rücksicht ungeachtet muss aber doch der Geist unserer Kunst, so sehr sie sich an alle andern Wissenschaften und Künste anschließt, entscheiden.
Man kann wirklich sagen, dass, wer eine richtige Erklärung von den folgenden drei Worten geben kann, in einem Augenblick auch in wahren Grundsätzen der Kunst, Orakel zu erteilen, verstehen und lernen kann.
34, Verdruss. 44, Zukunft. 31, Gold.
Nach den falschen Grundsätzen liest man: Gold in der Zukunft wird euch Verdruss verursachen. –
Nach den wahren Grundsätzen aber liest man: Ihr werdet einem Gold geben, und dieser eine, dieser jemand wird euch in der Zukunft Verdruss verursachen.
Nach den wahren Grundsätzen und dem Genie der Kunst, in die Zukunft zu sehen, muss man mehrere Zahlen hinzudenken, als die Sinne wahrnehmen. Weil dieser Satz, dieser Fall wirklich eigentlich für den Verstand sechs Zahlen festsetzt, auf diese Art: 1. 34. (44) A. 31. 1. Dieses Zeichen A. deutet und zeigt eine Person, deren Geschlecht, Alter und Zustand hier nicht bestimmt ist.
Also, nach den wahren Regeln der Kunst, verbunden mit dem Geist dieser Wissenschaft, muss der Enthüller der Zukunft, vermöge seiner Zeichen und Ahnungen, also sagen:
Ihr seid Willens, einem Gold zu geben. Es ist gut, dass ihr darüber nachdenkt, ob nichts euch daran hindert. Was ich euch nicht sagen, und warum ich euch nicht bitten würde, wenn ich statt Gold bloß Geld sehe; denn Gold deutet schon auf eine große Summe; Geld aber bloß auf einige Taler, oder wenigstens auf ein kleineres geringeres Vermögen. Aber ihr müsst noch mehr deswegen darüber nachdenken, weil dieser eine, dieser jemand, in der

Zukunft 44 euch Verdruss 34 verursachen wird, in Beziehung und wegen dem Gold 31, welches ihr ihm jetzt geben oder leihen wollt; und diese Zukunft wird früher da sein oder später kommen, als ihr es vermutet.
Wenn aber die Ordnung der Zahlen 34, 31, (44) wäre, so würde dieses eine Änderung in Rücksicht der Zeit machen, und man würde so sagen müssen, nach den wahren Grundsätzen und dem Geist unserer Wissenschaft.

1, 34, A. 31, (44.) 1.

In der Zukunft werdet ihr einer Person Gold geben, welche euch Verdruss verursachen wird, welcher Verdruss sich in die Länge der Zukunft hinziehen wird, und der Verlust eures Goldes ist gewiss,
Man wird hier wohl denken, dass auf diese Art unsere Kunst wohltätige Unterstützung und Großmut verhindern kann? – Aber ist man edelmütig, wenn man eine zu große Summe in Rücksicht seines Vermögens gibt? – Man handelt unüberlegt und ist unvorsichtig.
Dass zweitens unsere Kunst sehr vorteilhafte Unterhandlungen, wo man Interesse zieht, zerschlagen und rückgängig machen könne? – Gründen sich aber nicht die größten Unterhandlungen dieser Art auf Habsucht? Und kann nicht bald das ganze Gebäude der Spekulation und der Nutzenziehung zusammensinken, und der Leiher endlich und sein Vermögen gänzlich ruiniert werden? –
Ja, die wahre heilige Kunst, in die Zukunft zu sehen, diese Weisheit des Lebens ist die allein wahre Freundin des Menschen! Mit allem bekannt, erhebt sie sich von der Gegenwart hinaus und offenbart jedem alle ihre Geheimnisse.
Damit nun aber diejenigen, welche Lust empfinden, die erhabene weise Kunst zu studieren, noch mehr in ihrem Mut und ihrem Wunsch gestärkt werden, so will ich jetzt etwas über die Veränderung und über die verschiedenen Lagen der drei ersten Blätter des Buches Thot sagen. Ich bin überzeugt, dass man sich nicht allein an das halten wird, was ich hier schreibe und was man hier liest, sondern dass man selbst die drei Blätter vor sich nehmen, und sie verschieden zu legen suchen wird, so dass sie jederzeit verschiedene Reden und Sätze bilden. Es sind aber nur sechs verschiedene Stellungen möglich, weil die drei 3 Zahlen, wie jedem bekannt ist, sich nur sechs Mal anders ordnen lassen.

3.2.1. Der Forschende oder Fragende wird über Unternehmungen, Vorschläge, oder über einen Vorsatz Aufschluss geben.
1.3.2. Ein Aufschluss wird den Forschenden zu einem Vorsatz Anleitung, Gelegenheit heben.

2.1.3. Man wird dem Forschenden Vorschläge tun, welcher darüber Aufschluss suchen wird.
1.2.3. Vorschläge werden dem Forschenden Aufschluss geben.
2.3.1. Der Forschende wird Vorschläge tun, welche einem anderen Aufschluss geben werden.
3.1.2. Man wird dem Forschenden einen Aufschluss geben, welcher ihn, Vorschläge zu tun, anleiten wird.

Dieser einzige Grundriss, welchen wir hier angeben, die Bedeutungen, welche wir auf den Blättern des Buches Thot finden, richtig zu lesen, ist, wie ich glaube, hinreichend und bestätigend genug. Denn die Art, in drei Blättern zu lesen, zeigt uns, wie wir vier Blätter und bis zur größten Zahl 26, welche in einer Reihe liegen können, lesen müssen.

Um aber nun zum Ende unseres dritten Unterrichts fortzugehen, will ich jetzt noch Einiges von den drei Stufen der Wissenschaft, Orakel zu erteilen, erwähnen.

Wir sagen, dass der den ersten Grad dieser Kunst besitzt, welcher erstens den physischen Gang und das Verfahren des fünfmaligen Blätterhinlegens weiß, der zweitens auch die Bedeutungen, welche ihm jede Hieroglyphe des Buches Thot darbietet, in Sätze und Reden einzukleiden versteht.

Dieser erste Grad macht gewöhnlich dem neuen angehenden Lehrling in dieser Kunst viel Vergnügen, aber wie das, was bloß Vergnügen ist, niemals lange Dauer hat, so geht es auch hier endlich für den Lehrling in Langeweile und Überdruss über, es müsste denn sein, dass er in diesem ersten Grad die treue wahrhafte Kopie und Schilderung der Verbindung der Lebenszufälle zu suchen und zu finden sich bemühte und verstände.

Ebenso ist es auch mit denjenigen, die sich ganz dieser Kunst zu widmen vorgeben. Wenn sie durch irgendeine Ursache nur auf diesen ersten Grad der Kunst in die Zukunft zu sehen, beschränkt sind, die überdies hier die Kenntnis, Orakel zu erteilen sehr ungewiss ist; so macht ihre Unwissenheit, dass sie bald dieses Studium verlassen, und ein anderes wählen, was ihnen der Zufall und das Glück gleich an die Hand gibt.

Auch für den Fragenden ist es sehr gefährlich, in die Hände eines solchen Orakelerteilers zu fallen, der bei seiner Kunst nur List und Betrug gebraucht. Glück ist es noch, dass sich diese Leute gleich durch ihr diebisches täuschendes Gesicht zu erkennen geben und charakterisieren.

Wenn man nur den ersten Grad dieser Wissenschaft besitzt, so kann man auch nur höchstens sein eigener Orakelerteiler sein, oder für seine Freunde und seine Familie. Und überdies kann man dieses auch bloß in den Fällen sein, wo die eigentliche Kunst, Wissenschaft und Kenntnis des Buches Thot entbehrlich ist.

Es können aber doch oft bei diesem ersten Grad wahre Aufschlüsse über die Zukunft vorkommen, eben deswegen nämlich, weil der Orakelerteiler hier nichts bei dem ersten Grade zu tun hat, als bloß bei den Buchstaben und Worten zu bleiben, und so dem gemeinen gesunden Verstand zu folgen.

Weit öfter geschieht es aber, dass der Orakelerteiler vom ersten Grad gar nichts bei dem Anblick der Blätter herausfinden und verstehen kann, dass er gleichsam keine Tür findet, hineinzugehen, keinen Weg, auf dem er wandeln könne, noch endlich ein Tor, durch welches er wieder herausgehen könnte.

Alsdann geschieht es, dass der bloße Liebhaber unserer Kunst, die Wissenschaft Orakel zu erteilen, für unzureichend und falsch hält, weil der Ungeschickte, der sich für einen Kenner, für einen Eingeweihten in dieser Kunst ausgibt, nur zu falschen Orakeln, zu Lügen, seine Zuflucht nimmt, um seine Unwissenheit zu verbergen und zu verheimlichen.

Die Verschlagensten von den unwissenden Bekennern dieser Wissenschaft gebrauchen eine List, welche der gutmütige nicht argwöhnische Fragende gemeinhin nicht kennt.

Sie suchen nämlich den Enthusiasmus der großen weisen Philosophen zu affektieren, wie es auch die Sybillen taten, die unheiligen gottlosen Priester, und dergleichen Scharlatane mehr. Sie tun, als fielen sie in ein tiefes Stillschweigen, welches bei den wahren Philosophen eine Wirkung von dem großen Erstaunen, Nachdenken und Weisheit ist, und springen dann, die Unwissenden! – mit den lächerlichsten Gebärden auf.

Der zweite Grad des Orakelerteilens verschafft uns eigentlich eine richtige Idee von dieser Kunst, und es ist sehr selten, wenn man bis dahin gekommen ist, dass man bloß Liebhaber oder mittelmäßiger Kenner derselben bleiben sollte. Dieses ist der nämliche Fall mit allen, die sich mit Wissenschaften und Künsten abgeben: Sie finden immer mehr Geschmack daran, je mehr sie in denselben vorrücken.

Bei diesem zweiten Grade, wie auch bei dem dritten, darf man aber nicht die ersten physischen Regeln des ersten Grades vernachlässigen und vergessen; man muss nur zu denselben den Geist der Wissenschaft noch hinzufügen, und auch sich zugleich zu anderen übersinnlichen Grundsätzen, und zuletzt endlich zu den himmlischen erheben.

Da muss man anfangen, selbst in dieser Kunst Urteile zu fällen. Der Geometer beschreibt aber drei gegebene Punkte, Figuren und Zirkel, der geschickte Baumeister baut über schon daliegende Grundfesten Schlösser und Paläste; so muss auch der erhabene Enthüller der Zukunft nach dem zweiten Grade selbst Gebäude, Formen und Figuren in dem Geist der Kunst aufführen.

Der erste Grad in der Kunst, Orakel zu erteilen, gleicht einem gelehrigen Kind, welches alles seinem Lehrer nachredet. Der zweite Grad ist ein erwachsener Jüngling, welcher über den weisen Unterricht seines Lehrers nachdenkt, die Gründe einsieht, sich mit dem Geist seiner Wissenschaft, seiner Kunst und Weisheit, die von den ersten Ägyptern in dem Buch Thot aufgezeichnet sind, vertraut macht.

Was den dritten Grad unserer erhabenen Kunst betrifft, so ist er wie in allen anderen Künsten und Wissenschaften, der nun völlig ausgebildete Mann, der fest und standhaft nach den ewigen Grundsätzen der Kunst arbeitet, sich deren so glücklich bedient, dass wenn es Musik wäre, Kenner und Liebhaber derselben, ja selbst alle fühllosen Menschen auf einmal ausrufen würden, welche Melodie, welche Harmonie! Welche Wahrheit in dieser göttlichen Kunst! –

Der Orakelerteiler, der den dritten Grad versteht, ist eine seltene Erscheinung; er ist aber dem ein Raphael[7], ein Poussin[8], ein Le Gueur[9]. Bis auf diesen Augenblick kenne ich deren fast noch keinen öffentlich. Wenige Menschen haben das Glück, bis zu der Stufe der hermetischen Philosophie zu gelangen!

---

7 Raffael, auch Raffael da Urbino, Raffaello Santi, Raffaello Sanzio oder Raphael (* vermutlich am 6. oder am 28.04.1483 in Urbino; † 6.04.1520 in Rom) war ein Maler und Baumeister der Hochrenaissance. Raffael erlangte vor allem als Maler für seine harmonischen und ausgewogenen Kompositionen und lieblichen Madonnenbilder Berühmtheit. Zu Lebzeiten genoss er das Privileg, nur unter seinem Vornamen bekannt zu sein, und noch heute kennen die wenigsten seinen Nachnamen. Bis weit ins 19. Jahrhundert hinein galt er als größter Maler aller Zeiten. Neben seiner Laufbahn als Maler in Florenz und am päpstlichen Hof in Rom wurde er auch Bauleiter des Petersdoms und Aufseher über die römischen Antiken. Zitiert nach: de.wikipedia.org/wiki/Raffael. (rs)

8 Im Originalbuch „Pouffin" geschrieben, – den Namen gibt es aber nicht. Wahrscheinlich wurde hier beim Abschreiben des alten Originals das lange altdeutsche „s" mit dem „f" verwechselt. Deshalb vermutlich: Nicolaus Poussin, französischer Maler, (* 15.06.1594, † 19.11.1665); tätig in Rom. Poussin malte Themen der antiken Geschichte und Mythologie, religiöse Darstellungen und südliche Landschaften mit mythologischen und biblischen Figuren. Poussin gilt als Schöpfer der ins Ideale und Erhabene gesteigerten „heroischen Landschaft". In der Ordnung seiner Bilder fanden Maß und Klarheit der franz. Klassik ihre Vollendung. Zitiert nach lexikon.meyers.de/meyers/Poussin. (rs)

9 Eustachius le Gueur (* 1617 in Paris, † 1655 in Paris). Er war ein Schüler vom Bouet, der später einer der größten Maler der französischen Schule wurde. In seinen Komposition hat er viel Geist und Wahrheit; und in der Zeichnung den alten Malern nachzuahmen gesucht. Die Leidenschaften wusste er besonders schön und natürlich auszudrücken. Man legte ihm den Namen des ‚französischen Raphaels' bei, weil er sich mit vielen Eifer bemühte, diesem großen Mann nachzufolgen. Die vielen und schönen Werke, die le Gueur in Kupfer gestochen hat, sind die besten Zeugnisse von den Verdiensten dieses vortrefflichen Künstlers. (D. V.)

Das vierte Mal Blätterlegen, zu dem wir nun kommen, hilft uns in die tiefsten Geheimnisse der Vergangenheit, Gegenwart und Zukunft eindringen, wenn sie nämlich in der Ordnung der menschlichen Dinge liegen, und wenn sie Gott nicht ausdrücklich unenthüllt und verborgen zu bleiben befohlen hat. Das Enthüllen aber der Dinge, mit denen sich unsere Wissenschaft beschäftigt, ist in der Ordnung und der menschlichen Natur gegründet, und nicht von dem Willen des Höchsten, als ein stolzes Auflehnen gegen die Gesetze der Natur, verboten. Wer kann wohl so blind, so beschränkt sein; wer sollte nicht finden, dass es mehr als tausend Mal von dem Höchsten selbst sei vorherverkündet worden?

Denn konnte uns wohl die Natur deutlicher, sichtbarer auf die Kunst der Enthüllung der Zukunft hinweisen, als indem sie uns die Waffen in die Hände gab, mit denen wir uns wider die Ereignisse des Lebens schützen und verteidigen sollen?

Wenn ihr nun die Blätter, die ihr zum dritten Male hingelegt hattet, wieder aufgehoben habt, vermengt, und habt abheben lassen; so sagt ihr euch nun selbst (wenn ihr nämlich eure Ereignisse selbst enthüllen wollt), oder den, welchen ihr Orakel erteilen sollt, was in dem dreimaligen Blätterlegen nicht vorgekommen ist? Was ihr oder er gern wissen wollt? – Und darüber müsst ihr denn also zum vierten Mal die Blätter legen, und das Buch Thot befragen. Z. B. wenn ihr begehrt zu wissen:

Soll ich dieses unternehmen? – Werde ich einen Brief bekommen?

Werde ich Geld erhalten? Geld ausgeben? Mit Geld Umgang haben?

Kurz, was ihr nur wollt, dass euch das Buch Thot beantworte und enthülle.

Ich muss noch einmal anmerken, dass das vierte Mal Blätterlegen von allen fünfen das stärkste ist, und dass nichts hier unenthüllt bleiben kann, was nicht Gott ausdrücklich für sich behalten hat.

Ehe ich aber weitergehe, muss ich allen denjenigen sagen, welche Meister in dieser Wissenschaft werden wollen, dass es sehr wesentlich ist, dass sie nichts davon vergessen, was sie bei den vorigen Malen des Blätterlegens gefunden haben. Denn nur bei einem guten getreuen Gedächtnis, oder wenn man sich alles aufgeschrieben hat, kann man nach beendetem fünfmaligen Blätterlegen, mit Ordnung und Beobachtung der Zeitfolge alle Begebenheiten des Menschen von seiner Geburt an bis an den letzten Augenblick seines Sterbens aufzählen, und ein Register seines Lebens bilden.

Die Fragen, auf welche man von dem Buch Thot die Antwort erwartet, müssen deutlich und klar sein; nicht geheimnisvoll eingekleidet, nicht so, dass sie etwas Zweideutiges und Ungewisses enthalten.

Besonders genau muss der Enthüller der Zukunft dann darauf acht haben und aufmerksam sein, wenn er den Fragenden aus dem Buche Thot noch nicht

als einen rechtschaffenen Menschen hat kennen lernen; auch dann, wenn die drei ersten Male des Blätterlegens nicht vorhergegangen sind. Doch der wahre Orakelerteiler wird selbst alles dieses leicht beobachten, und alle anderen Fälle, die ihm von bösen Menschen als Schlingen könnten gelegt werden.
Sind die Blätter also vermengt, abgehoben und wieder als eins zusammengelegt, so stellt man die Fragen auf, und für jede Frage zieht man 7 Blätter. Wenn die ersten 7 Blätter nichts anzeigen, nichts auf die Frage beantworten, so zieht man 7 andere, und wenn diese wieder nichts sagen, noch einmal 7 zum dritten Mal.
Dieses vier Mal Blätterlegen ist unter allen das schwerste, weil die Antwort auf die Frage sich hier nicht sogleich und so geschwind zum Ablesen darbietet. Wenn z. B. die Frage ist: ob man Geld bekommen wird, Briefe, oder irgend etwas, was man will; so muss man, um die Zeit anzugeben und zu wissen, wann dieses geschehen wird (wenn nämlich nichts von dieser Zeit in den 7 Blättern angezeigt ist), die ersten, zweiten und dritten 7 Blätter ansehen, um dieses zu finden, und darüber Orakel zu erteilen. In diesem Falle deutet sich die Zeit an, gibt sie sich zu erkennen durch eine von den drei Regeln, welche man angenommen hat, bevor man noch die Antworten in den Blättern zu finden unternahm.
Besäße der magische Orakelerteiler alle mögliche Kenntnisse: so würde er gar nicht mehr brauchen als 7 Blätter, um eine Frage zu beantworten. Wenigstens ist es gewiss, dass der Oberste von den ägyptischen Priestern niemals mehr als 7 Blätter nötig hatte, um eine Frage zu entscheiden.
Dieses ist es auch, woran man den wahren Enthüller der Zukunft von dem falschen oder mittelmäßigen erkennen kann.
Ha! Wer kann nun aber ohne die himmlische Freundin, die Göttin, die uns lehrt, in die Zukunft zu schauen, unser Leben zu durchforschen, wer kann, sage ich, ohne ihr mit Gewissheit die Klippen zu zeigen, auf die wir, wie irrende Schiffe auf den Wellen des Meeres, stoßen werden, an denen unser kleines Schiff scheitern und in stürmischen Abgrund sinken wird? – Kann es die menschliche Klugheit? – Nein, sie kann es nicht, sie führt uns wohl noch mehr irre in den täuschenden Sümpfen von bänglichen, fern leuchtenden Lichtern, je mehr wir sie vermeiden und ihr entgehen wollen. – Allein ist es die göttliche Kunst, die in den Tempeln des Altertums wohnte, die Kunst, die uns die alten Ägypter lehrten, und die ich euch wieder lehre; die Kunst des Verstandes, die Medizin des Herzens, und der tröstende Balsam des Menschen!

Vierter Unterricht

Vierter Abschnitt des Buches Thot, nach der Lehre der alten Ägypter, alle Träume und alle Ahndungen zu deuten und wahrhaft zu erklären.

Auch Träume kommen von Gott: – Wenn die Seele, freier, entfesselter von dem Körper, sich diesem Kerker entschwingt, schwebt sie über Taten des Lebens hin, die längst im Strom der Zeit hinabsanken; aber auch über Taten hin, die erst kommen, in die Reihe der Dinge erscheinen, und von der lebendigen Maschine getan werden sollen. Wer kann der Seele das Vorhersehungsvermögen absprechen? Wir haben es oben bewiesen, dass es möglich, ja nach dem Buche Thot notwendig ist. Wer kann der Seele, aber noch mehr des Nachts, wo sie ruhiger in sich gesenkt, nicht von den Eindrücken der Sinnenwelt gestört ist, wer kann ihr da, sage ich, noch mehr das Gefühl absprechen, in die Zukunft zu sehen, zu ahnen, was ihr begegnen, oder den Körper, den sie bewohnt, treffen wird? Nein, niemand kann dieses – denn selbst Gott bediente sich der Träume, durch sie dem Menschen, ja oft dem ganzen Menschengeschlecht zu sagen, was für Zeiten kommen würden, und was er wollte, dass sie in denselben tun sollten.

Keins aber von allen den gedruckten Werken über Träume, Ahnungen und Erscheinungen, erreicht und berührt den tausendsten Teil von denen, die uns täglich aufstoßen. Das Buch Thot allein ist es, welches sich über alle erstreckt, und nichts, von allem dem, was uns begegnet, unerklärt lässt.

Wir bieten daher allen Wissbegierigen die verborgene Wissenschaft an, wie die alten Ägypter die Träume und Ahnungen erklärten; eine Wissenschaft, zu deren Unterricht wir jetzt daher ohne Anstand fortgehen.

Um Ahnungen, Träume und Erscheinungen zu erklären, und um das zu verstehen, was wir darüber sagen werden, muss man aber notwendig das Buch Thot bei der Hand haben.

Die Blätter dieses Buches müssen auch ganz nach der Art der Ägypter überschrieben sein; denn dieses Buch war wirklich, wie wir es anderswo bewiesen haben, bei diesem Volk das Buch der Orakel.

Wie Joseph zu den Gefangenen sagte: „Erzählt mir eure Träume, die ihr gehabt habt“, so muss auch derjenige, der einen solchen Traum oder Ahnung gehabt hat, ihn schriftlich aufsetzen und aufzeichnen.

Der weise Erklärer aber muss so viel als möglich von dem Geschlecht, dem Alter, dem Zustand und dem ganzen Verhältnis der Person, die den Traum gehabt hat, instruiert sein. Sollten aber Verhältnisse und Rücksichten sein, dass die Person wünschte, unbekannt zu sein; so muss dann der Erklärer des Traums erst zu dem Buch Thot und zu der Wissenschaft, abwesende Dinge zu wissen, seine Zuflucht nehmen, welches freilich seine Arbeit erschwert.

Der, welcher den Traum gehabt hat, kann aber doch allgemeine Merkmale angeben, ohne sich zu erkennen zu geben, und sich zu kompromittieren; damit der Erklärer desto leichter und gewisser arbeiten könne.

Ist nun, wie oben gesagt worden, der Traum, die Ahnung oder die Erscheinung, so deutlich und einfach als möglich schriftlich aufgesetzt worden, so muss uns der Erklärer oder der Wissbegierige selbst den Traum, z. B. in einer ordentlichen Erzählung, nach den Blättern abfassen. Die einzige Schwierigkeit ist hier, wenn es eine zu nennen ist, dass die Erzählung mit den Blättern so deutlich und klar gemacht werde, dass selbst das Kind es ihm in den Blättern und aus denselben lesen, und nach den Bedeutungen, welche die Blätter haben, ihn verstehen und erklären könne.

Es ist aber auch nicht nötig, dass man den Traum erst vorher auf das Papier aufschreibe, wenn man ihn gleich durch die Blätter darstellen und zeichnen kann; ebenso wenig ist es nötig, dass man die Bedeutung jedes Blatts auf dasselbe darüber schreibe, wenn man sie von selbst versteht und auswendig kann. In einer einzigen Stunde kann man alle möglichen Träume erklären lernen, wie in sechs Stunden die Kunst, aus dem Buche Thot Orakel zu erteilen und die Zukunft zu enthüllen.

Wir haben schon gesagt, dass man das Buch Thot vor sich haben müsse, und dass auch die Blätter desselben nummeriert sein müssen. Wenn man also dieses Buch so vor sich hat, so muss man (um das Beispiel eines Traums hier anzuführen, den ich unten erzählen werde) die Blätter in einer einzigen Reihe so in der Ordnung, wie folgende Zahlen, vor sich hinlegen: die 21 zur linken Hand des Erklärers, und die 28 zu seiner rechten. Die Zahlen aber in den Parenthesen eingeschlossen, müssen umgelegt werden, dass man sie nicht sieht: 21, 1, 34, 5, (24), 66, 57, (49), 43, 13, 20, 74, 22, 38, 73, (39), 8, 48, (58), 67, 32, 68, 28.

Sind die Blätter nicht so gelegt, wie die Zahlen hier andeuten, so ist es unmöglich, dass der Erklärer begreifen und einsehen kann, wie alle möglichen Träume, Ahnungen, Erscheinungen in dem Buch Thot enthalten sind; zweitens auch selbst unmöglich, dass er den Traum richtig und wahr erklären könne. Ist aber der Traum oder die Ahnung genau durch die Blätter beschrieben und gelegt, so muss die Erklärung gewiss die Ungläubigsten in Erstaunen setzen und belehren. Hier ist der Traum, welchen eine Dame gehabt, und die uns erlaubt hat, ihn öffentlich mit der Erklärung bekannt zu machen.

Traum

Ich träumte, als wäre ich auf dem Lande in einem Hause, wo Gesellschaft war. Ein junger brauner Mensch machte mir da eine Liebeserklärung, die mir so schmeichelte, dass ich ihn zum Liebhaber annehmen wollte, indem eben ein Mann hereintrat, der jenem weit an Rang und Vermögen überlegen war.

Dieser zweite Angekommene bot mir sein Vermögen und seine Hand zum Geschenk an, das heißt, er wollte mich heiraten. Dieses machte nun, dass ich den Gedanken bekam, meinen Entschluss zu ändern: doch dass ich die Hoffnung behielt, dem ersten nützlich zu sein. Aber mein veränderter Entschluss brachte jenen dahin, dass er sich mit mir entzweite und brach, und wie mir schien, aus Verdruss eine Reise antrat und fortging. Dieses machte mir nun viel Kummer, so dass ich mir einbildete, der, welcher jetzt fortreiste, wäre wirklich mein Freund; der hingegen, den ich vorgezogen und gewählt hatte, wäre, ob er mich gleich zu einer großen reichen Dame machen wollte, der Feind von meinem Freunde; und dass daher mein wahrer wirklicher Freund mich nun mit harten Vorwürfen, wie ich sie verdiente, überhäufen würde. Dieses alles verursachte, dass ich plötzlich aufwachte, dass ich den ganzen Tag verdrießlich war, und niemand zu mir ließ.

Diesen Traum nun, bitte ich Sie, mein Herr, mir genau und nach der Wahrheit zu erklären, damit ich mich entweder im Voraus des Vergnügens freuen könne, welches er mir weissagt, oder dass ich mich auf das Übel gefasst mache, welches er andeutet. Wenn man die Blätter, wie oben angezeigt worden, vor sich hinlegt, so wird man besonders zweierlei gleich wahrnehmen:

1. dass selbst ein Kind von fünf oder sechs Jahren diesen Traum deuten könnte;
2. dass es unmöglich ist, dass der Erklärer etwas mehr hinzusetzen könne, als der Traum wirklich bedeutet. Übrigens sieht man, dass kein einziges Buch ist, welches alle möglichen Träume, Ahnungen und Erscheinungen enthält, und dass auch nicht einmal ein Buch gefunden wird, welches uns eine fortgehende ganze Erklärung eines Traumes gibt, wie wir es tun und lehren. Immer heißt es dort bloß: Von einem Mann träumen bedeutet Ehre für ein Frauenzimmer; von einem Frauenzimmer träumen bedeutet Gesellschaft für einen Mann und Absicht auf ein Frauenzimmer. Dieses ist wohl auch wahr, dennoch aber ist es keine fortgehende Erklärung eines Traumes, wie wir sie geben. Endlich haben auch alle bekannten Bücher über Träume nichts Ähnliches in der Art ihrer Auslegung mit der der Ägypter, noch mit der, deren sich Joseph bediente, um Pharao die Träume zu erklären.

Erklärung des vorigen Traums

Madame, da die Unruhe, in welche Sie der Traum gesetzt hat, Sie zu dem Schritt bewogen hat, zu der Wissenschaft Ihre Zuflucht zu nehmen, in welcher die ersten erhabensten Weisen von allen Völkern eingeweiht und groß waren: so bediene ich mich aller Freiheit, um Ihnen die Ruhe wieder zu geben, die Sie verloren, Ihnen die Wahrheit rein und wahrhaftig zu enthüllen.

Der Erklärer hebe allemal zwei Blätter zugleich auf:

28.21. Sie werden in Streit kommen, in Uneinigkeit geraten auf dem Lande.

68.1. Ihr Freund wird kommen und in Ihrem Hause Eingang suchen.

32.34. Sie werden in einer Gesellschaft zu Verdruss Gelegenheit geben.

67.5. Auf einer Reise werden Sie einen jungen braunen Menschen finden, der Ihnen derjenige zu sein scheint, den Sie im Traum sahen.

(58.24.) Sie werden etwas durch eine Erklärung rückgängig machen.

48.66. Nutzen von der Liebe bedeutet Harmonie, Freundschaft, Vereinigung, als das Ziel Ihrer jetzigen Liebschaften.

8.57. Jemand hat Absichten auf Sie, oder hofft von Ihnen eine gefällige Dienstleistung.

(39.49.) Einer von den Gegenständen wird sich verändern, welcher Sie am meisten schmeichelte, dieses scheint aber zu Ihrem Vorteil zu sein.

73.43. Sie haben beständig die Gedanken auf den, den Sie lieben.

38.13. Eine Heirat kommt. Da der Traum zu viel Ordnung hat, als dass er nicht ganz auf Sie passen sollte, so werden Sie keinen Anstand nehmen, sich mit Ihrem Freund zu verheiraten. Und wenn Sie die Zeit der Heirat zu wissen wünschen: So muss ich Ihnen sagen, dass sie innerhalb 53 Tagen und einigen Stunden vor sich gehen wird.

22.20. Sie werden suchen, einen Teil Ihres Glücks bei einem Großen zu machen. Hierüber kann ich Ihnen die Versicherung geben, nach der natürlichen wahrhaften Auslegung des Traumes, dass Sie hierin gut fahren werden.

74. Sie erwarten ein Geschenk, welches Sie aber nicht bekommen werden.

Hat man nach dem Buche Thot sich den erhabenen Titel eines hohen Erklärers der Träume zu eigen gemacht und ihn erlangt, welches in kurzer Zeit, nach zwei bis drei Tagen Arbeit und fleißigem Studieren, geschehen kann, so ist man dann imstande, mit Hilfe jenes Buches, welches die Wissenschaft des ganzen Weltalls enthält, alle möglichen Träume und Erscheinungen zu erklären und wahrhaft auszulegen.

Bibliographische Notiz

Im Jahre 1857 erschien im J. Scheible Verlag in Stuttgart als Band 14 der Reihe „Kleiner Wunderschauplatz der geheimen Wissenschaften“ das Buch „Theoretischer und praktischer Unterricht über das Buch Thot“. Der J. Scheible Verlag war spezialisiert auf okkulte und erotische Literatur, deren Vorlagen größtenteils entsprechende Werke der französischen Literatur waren. Leider wurden bei der Übersetzung in der Regel alle Hinweise auf das französische Original und seinen Verfasser getilgt, so dass der Eindruck entstehen musste, das betreffende Werk sei eine deutsche Originalausgabe.
So hat Scheible auch zahlreiche Werke des bekannten französischen okkultistischen Schriftstellers Collin de Plancy in Übersetzung veröffentlicht, was m. E. den Bibliographen der okkulten Literatur bis heute unbekannt ist. An dieser Stelle muss aber auch erwähnt werden, dass Scheible – gelegentlich unter dem Pseudonym „Peter Hammer, Köln“ – wichtige Werke der deutschen okkulten Originalliteratur wie beispielsweise das „6. und 7. Buch Mosis“[10] und die „Magischen Werke des Dr. Faust“ vor dem Vergessen bzw. dem Untergang bewahrt hat.
Nach meinen Recherchen ist das Buch „Theoretischer und praktischer Unterricht über das Buch Thot“ eine Übersetzung von: Cours de Livre de Thot (Cours théorique et practique du Livre de Thot) 1791, andere Ausgabe „Lecons théoriques et practiques du Livre de Thot“ 1787.

Verfasser dieser Bücher ist Etteilla (ca. 1750 bis 1810), der zu Beginn zahlreiche Bücher über Tarot veröffentlichte. Ganz im Sinn der okkulten Tradition kehrte er seinen eigentlichen Namen Allietta in Etteilla um. Von ihm wissen wir nur, dass er von Beruf Barbier war.
Sein Interesse für den Tarot verdankt er Court de Gébelin (1725–1784), einem Theologen und Linguisten, der in seinem monumentalem Werk „Le Monde Primitif“ (1775–1784) die Auffassung vertrat, der Tarot stamme aus dem alten Ägypten und sei Teil der mit der Verehrung des Gottes Thot zusammenhängenden Initiationsriten. Für Okkultisten wie Eliphas Levi[11] war

---

10 Das 6. und 7. Buch Mose – Oder der magisch-sympathische Hausschatz und Mosis magische Geisterkunst, das Geheimnis aller Geheimnisse - wortgetreu nach einer alten Handschrift mit erstaunlichen Abbildungen von Mose, Neuauflage im Bohmeier Verlag, ISBN 978-3-89094-376-3.

11 Etteilla (Pseudonym), durch ein Anagramm seines eigentlichen Namens), Jean-François Alliette, (* 1738 - † 12.12.1791 in Paris) gilt allgemein als „Vater“ des Tarot. Er war ein franz. Okkultist und Tarotforscher und vermutlich Professor der Mathematik, aber seine Person bleibt weitgehend im Dunkeln, nur „dass Eliphas Lévi ihn einen ‚ehemaligen Barbier‘ und ‚illuminierten Narren‘ nennt. Allerdings hat Lévi selbst gesehen, dass auf der

Etteilla zu wenig esoterisch und man warf ihm vor, er habe das geheime Wissen des Tarot popularisiert und in bloße Kartomantie umgedeutet.

Helmut Werner

---

28. Tarotkarte vermerkt war: ‚Etteilla, professeur d'algèbre, rénovatur de la cartomancie ...' [nach anderen Stand dort: ‚Professeur de la Arithmétique'], „und wissen müsste, dass Etteilla der Autor von mindestens 25 Büchern war. Etteilla hatte sich seit 1753 mit den Geheimnissen der Tarotkarten befasst und seine eigenwillige Deutung in fast einem Dutzend Büchern publiziert." Quelle u. a.: internetloge.de
Weitere Informationen zu Lèvi und dem „Etteilla-Tarot' in dem Buch Eliphas Lévi – Der große Kabbalist und seine magischen Werke von R. H. Laarss, ISBN 978-3-89094-627-6, Bohmeier Verlag.

Gesamtübersicht der Karten

	Bedeutung		Bedeutung
1.	Etteilla	1.	Der Forschende
2.	Aufschluss (1. Schöpfungstag)	2.	Feuer
3.	Vorsatz (3. Schöpfungstag)	3.	Wasser
4.	Beraubung (2. Schöpfungstag)	4.	Luft
5.	Reise (6. Schöpfungstag)	5.	Erde
6.	Nacht (4. Schöpfungstag)	6.	Tag
7.	Unterstützung (5. Schöpfungstag)	7.	Vermehrung
8.	Etteilla (Ruhetag)	8.	Die Forschende
9.	Die Gerechtigkeit	9.	Die Obrigkeit
10.	Die Mäßigkeit	10.	Die Geistlichkeit
11.	Die Stärke	11.	Der Souverain
12.	Die Klugheit	12.	Das Volk
13.	Heirat (14.)	13.	Vereinigung
14.	Höhere Macht (15.)	14.	Höhere Macht
15.	Krankheit (16.)	15.	Krankheit
16.	Gericht Meinung (17.)	16.	Gericht Meinung
17.	Sterblichkeit (13.)	17.	Das Nichts
18.	Verleumder, Falscher	18.	Verleumder
19.	Unglück	19.	Gefängnis
20.	Glück	20.	Zuwachs, Vermehrung.
21.	Uneinigkeit	21.	Uneinigkeit, Streit
22.	Mann, der auf dem Lande lebt	22.	Guter, ernsthafter Mann
23.	Frau, die auf dem Lande lebt	23.	Holdes, gutes Frauenzimmer
24.	Abreise	24.	Trennung, Zank, Hass
25.	Fremder	25.	Neuigkeit, Nachricht
26.	Hindernis	26.	Verräterin
27.	Aufschub	27.	Querstrich
28.	Innerliche Unruhe	28.	Landleben
29.	Sprechen	29.	Unentschlossen
30.	Erwartung	30.	Häuslich
31.	Prozess, Widerspruch	31.	Gold
32.	Glücklicher Fortgang	32.	Gesellschaft
33.	Bald geendigtes Übel	33.	Übernehmung
34.	Kummer, Harm	34.	Überraschung
35.	Geburt	35.	Herabfall
36.	Blonder Mann	36.	Mann aus dem Ort
37.	Blondes Frauenzimmer	37.	Ein Frauenzimmer aus dem Ort
38.	Ankunft	38.	Betrügerei, Arglist
39.	Blonder junger Mann	39.	Neigung, Hang

40. Stadt
41. Sieg
42. Blondes Frauenzimmer
43. Gedanke
44. Vergangene
45. Erbschaft
46. Langeweile
47. Glücklicher Fortgang
48. Liebe
49. Gastmahl
50. Mann von Stande
51. Witwenstand
52. Militär
53. Spion, Falscher
54. Vorteil
55. Gerechtes Misstrauen
56. Unentschlossen
57. Guter Rat
58. Erklärung
59. Trauer
60. Haushaltung
61. Verwirrung
62. Freundschaft
63. Höchster Grad
64. Brauner Mann
65. Braunes Frauenzimmer
66. Nutzen
67. Brauner junger Mann
68. Das Haus
69. Zum Besten haben
70. Braunes Frauenzimmer
71. Geld
72. Gegenwärtig
73. Liebhaber und Liebhaberin
74. Geschenk
75. Edel
76. Verlegenheit
77. Vollkommene Zufriedenheit
78. Torheit

40. Ungnade
41. Aufrichtigkeit
42. Genugtuung
43. Vorschlag
44. Zukunft
45. Anverwandte
46. Neue Bekanntschaft
47. Expedition
48. Sehnsucht
49. Veränderung
50. Böser Mann
51. Böses Frauenzimmer
52. Unmäßigkeit
53. Unvermutet
54. Tränen
55. Geistlicher Stand
56. Scharfe Beurteilung
57. Hoffnung
58. Straße
59. Verlust
60. Einsamkeit
61. Entfernung
62. Falsch
63. Schwangerschaft
64. Laster
65. Ungewiss, Unsicher
66. Untätigkeit
67. Verschwendung
68. Lotterie
69. Wirkung
70. Mehr
71. Unruh
72. Ehrgeiz
73. Unordnung
74. Kloster
75. Kind
76. Brief
77. Beutel von Geld
78. Torheit

Es folgen hier die 78 zum Ausschneiden und Aufkleben bestimmten Karten

Die Karten entsprechen den Original-Abbildungen

1.
Etteilla.
Der Forschende.
1.

2.
2tes Elem. 1. Schöpfungstag.
Aufschluß.
Feuer.
2.

4.
3tes Elem. 2. Schöpfungstag.
Beraubung.
Luft.
4.

3.
1tes Elem. 3. Schöpfungstag.
Vorsatz.
Wasser.
3.

6.
1. Schöpfungstag.
Nacht.
Tag.
6.

5.
4tes Elem. 6. Schöpfungstag.
Reise.
Erde.
5.

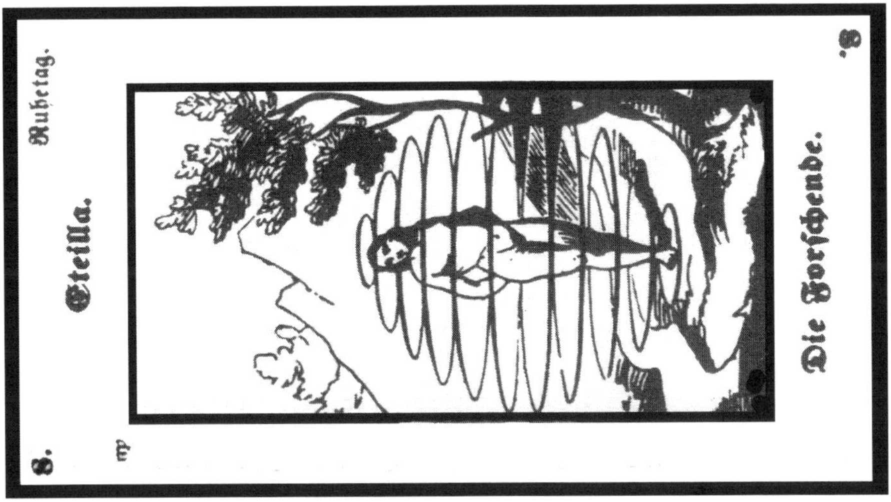
8.
Stella.
Ruhetag.
Die Forschende.
8.

7.
Unterstützung.
5. Schöpfungstag.
Vermehrung.
7.

10.
Die Mäßigkeit.
Die Geistlichkeit.
10.

9.
Die Gerechtigkeit.
Die Obrigkeit.
9.

11.
Die Stärke.
Der Souverain.
11.

12.
Die Klugheit.
Das Volk.
12.

14.
Höhere Macht.
15.
14.
Höhere Macht.

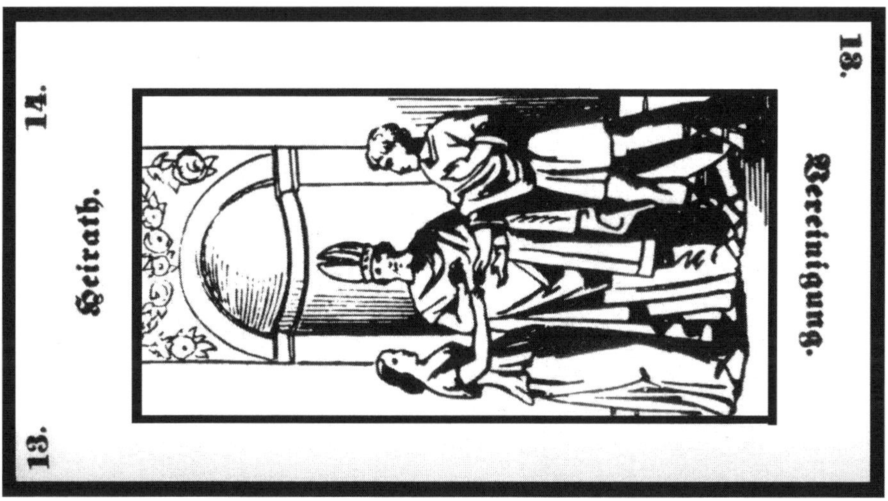
13.
Heirath.
14.
13.
Vereinigung.

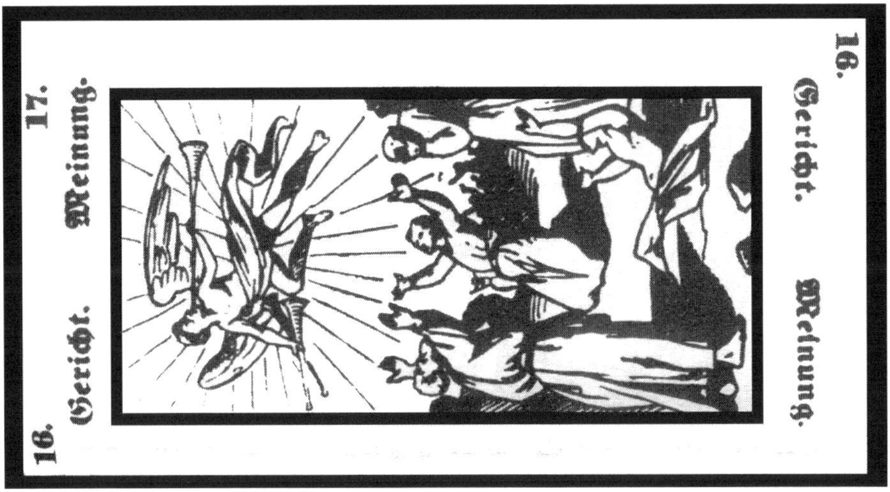
16. Gericht.
Meinung.
17.
16.
Gericht.
Meinung.

15.
Krankheit.
16.
15.
Krankheit.

18.
Verläumder.
Falscher.
Verläumder.
18.

17.
Sterblichkeit.
13.
Das Nichts.
17.
13.

20.
Glück.
20.
Zuwachs. Vermehrung.

19.
Unglück.
19.
Gefängniß.

22.
Mann, der auf dem Lande lebt.
22.
Guter, ernsthafter Mann.

21.
Uneinigkeit.
21.
Uneinigkeit. Streit.

24.
Trennung. Zank. Haß.
[Abreise.
24.

23.
Holdes, gutes Frauenzimmer.
23.
Frau, die auf dem Lande lebt.

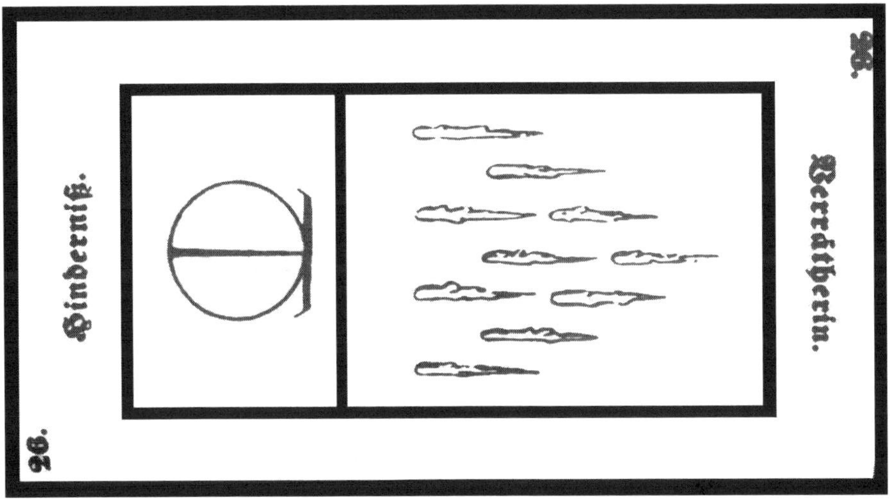
26.
Hinderniß.
Verrätherin.
26.

25.
Fremder.
25.
Neuigkeit. Nachricht.

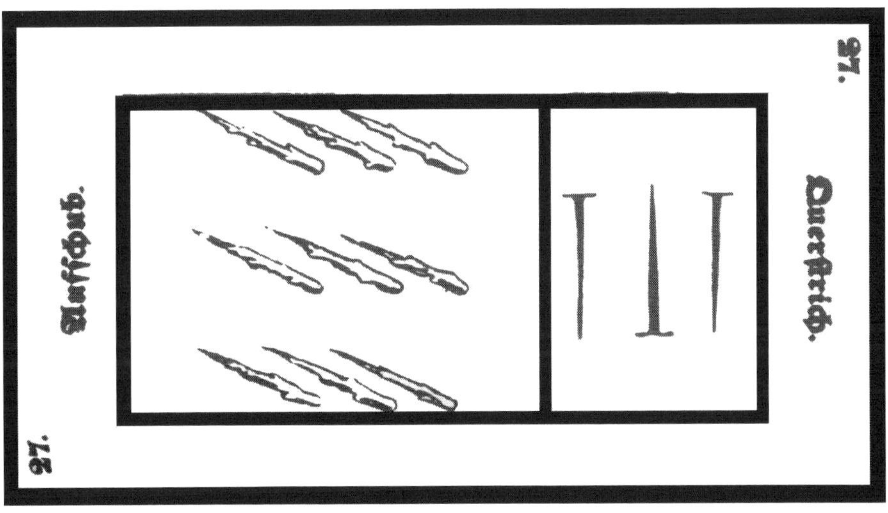
27.
Aufschub.
Querstrich.
27.

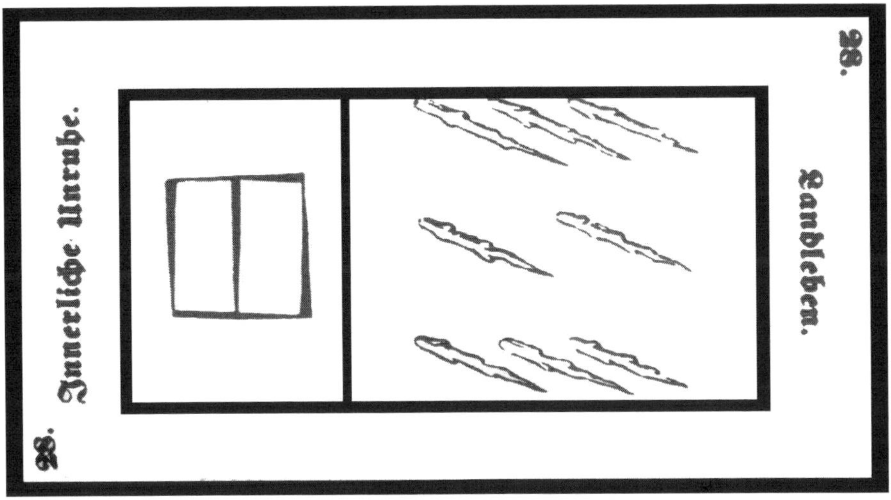
28.
Innerliche Unruhe.
Landleben.
28.

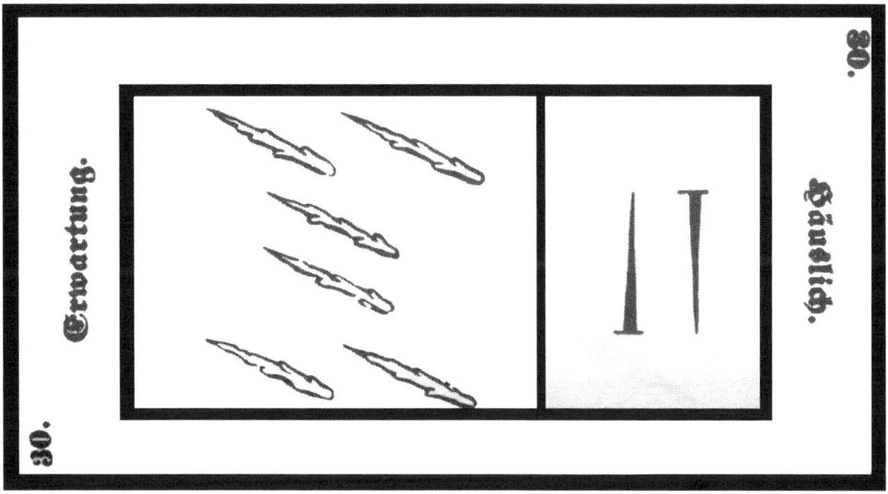
30.
Erwartung.
Häuslich.
30.

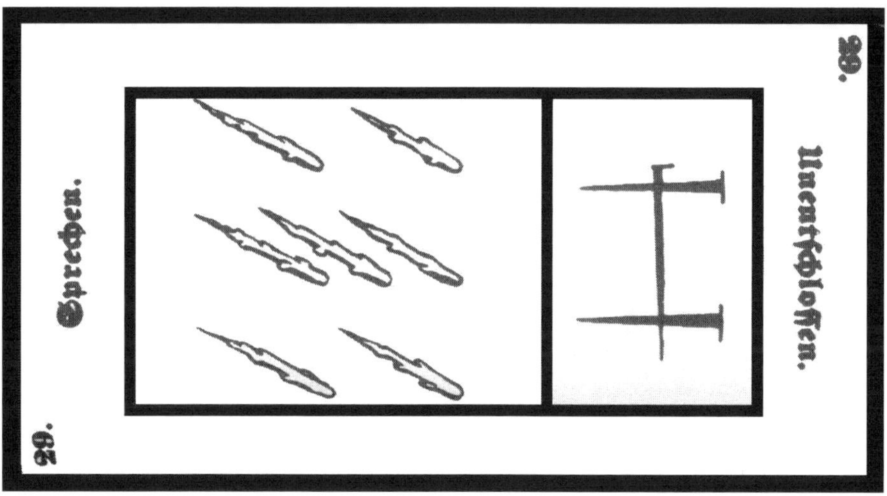
29.
Sprechen.
Unentschlossen.
29.

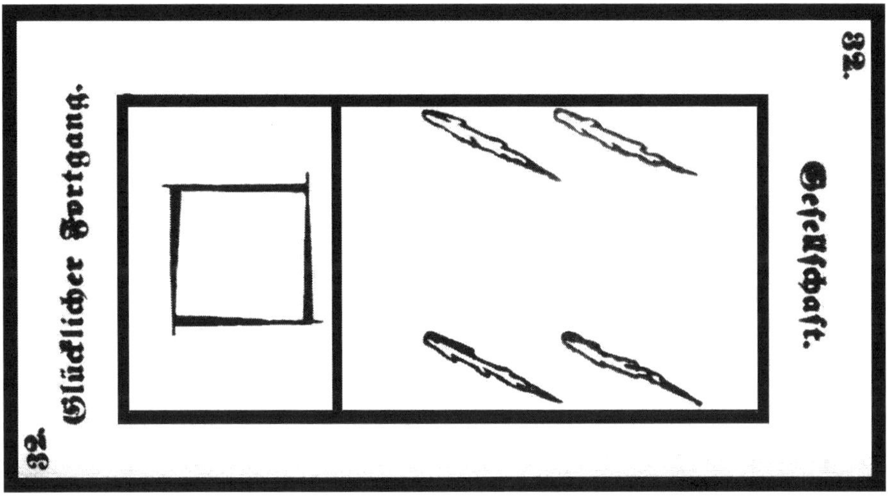
32.
Glücklicher Fortgang.
Gesellschaft.
32.

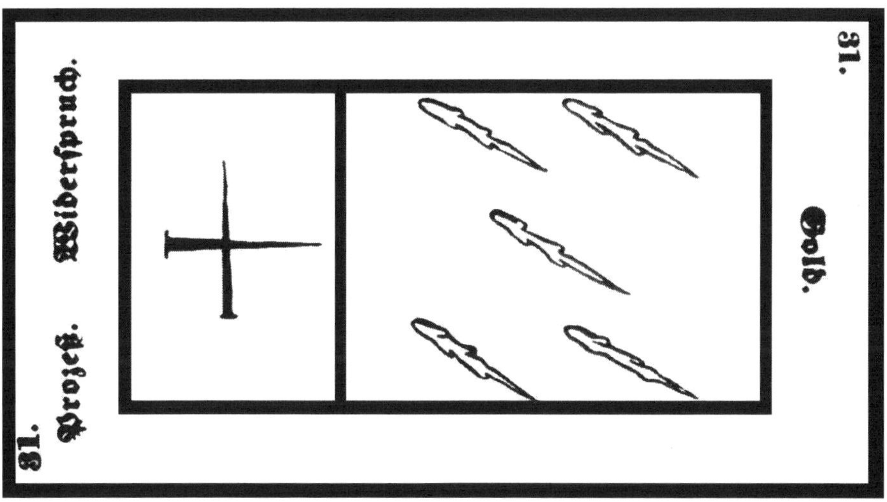
31.
Prozeß. Widerspruch.
Gold.
31.

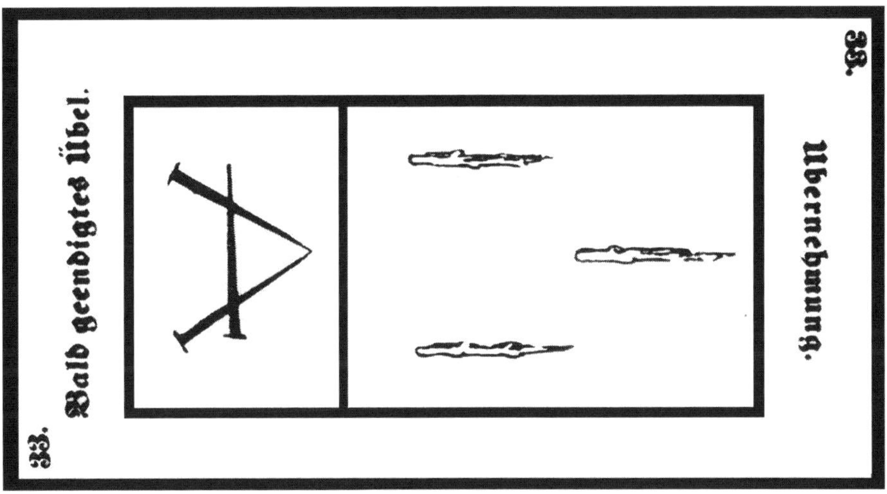
33.
Bald geendigtes Übel.
Übernehmung.
33.

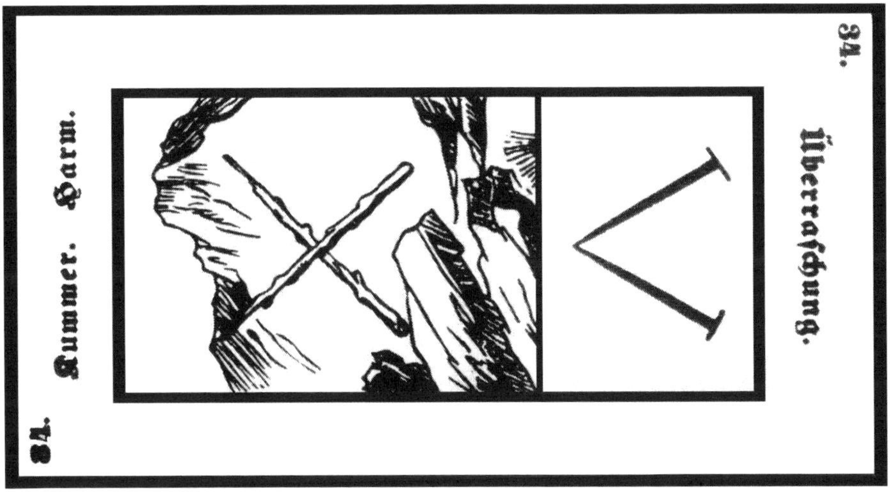
34.
Kummer. Harm.
Überraschung.
34.

36.
Blonder Mann.
34.
Mann aus dem Ort.

33.
Geburt.
35.
Herabfall.

37.
Blondes Frauenzimmer.
Ein Frauenzimmer aus d. Ort.
37.

38.
Ankunft.
Betrügerei. Arglist.
38.

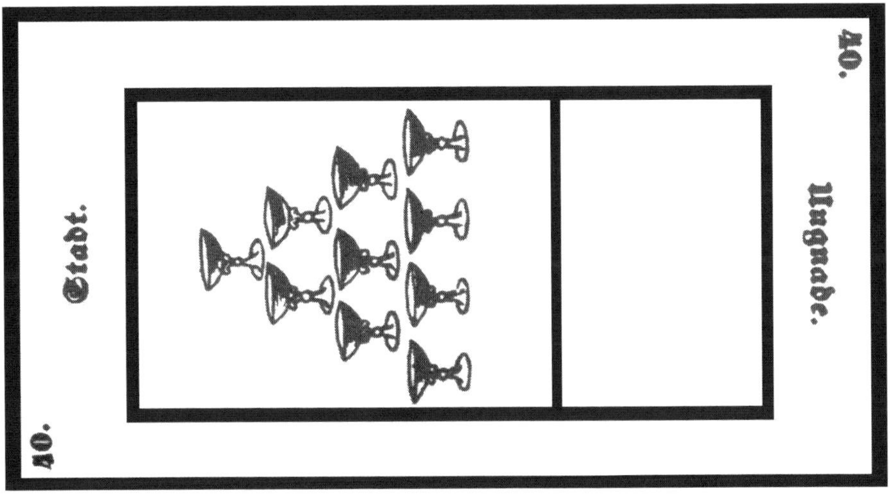
40.
Stadt.
Ungnade.
40.

39.
Blonder junger Mann.
Neigung. Hang.
39.

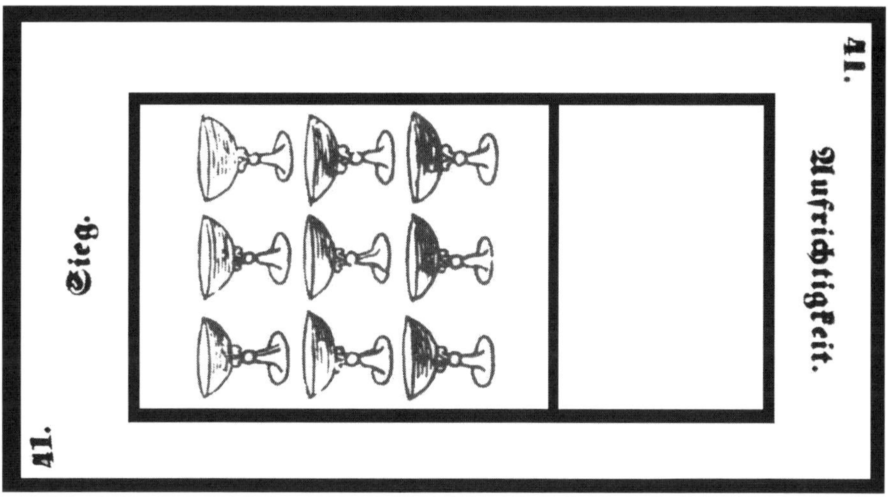
11.
Sieg.
Aufrichtigkeit.
11.

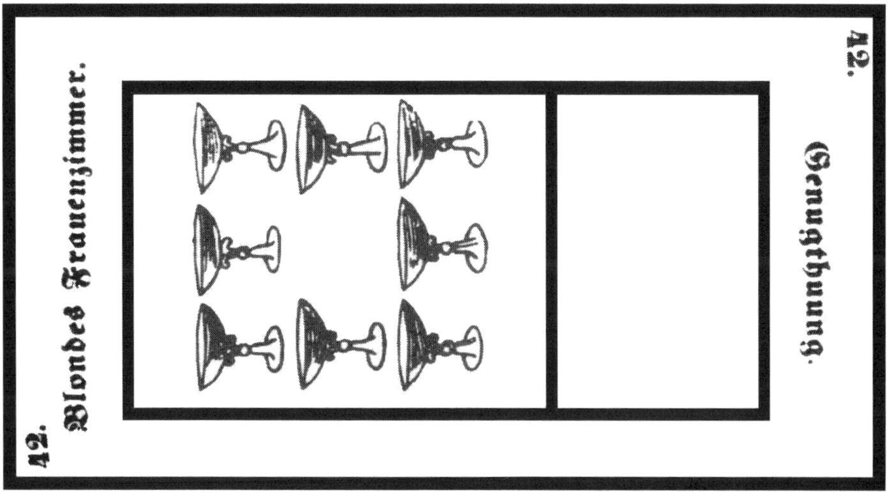
12.
Blondes Frauenzimmer.
Genugthuung.
12.

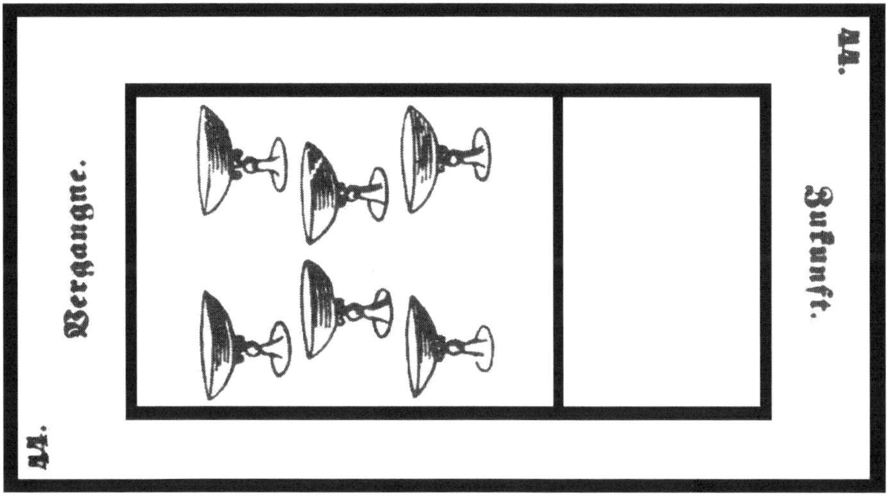
11.
Vergangne.
Zukunft.
11.

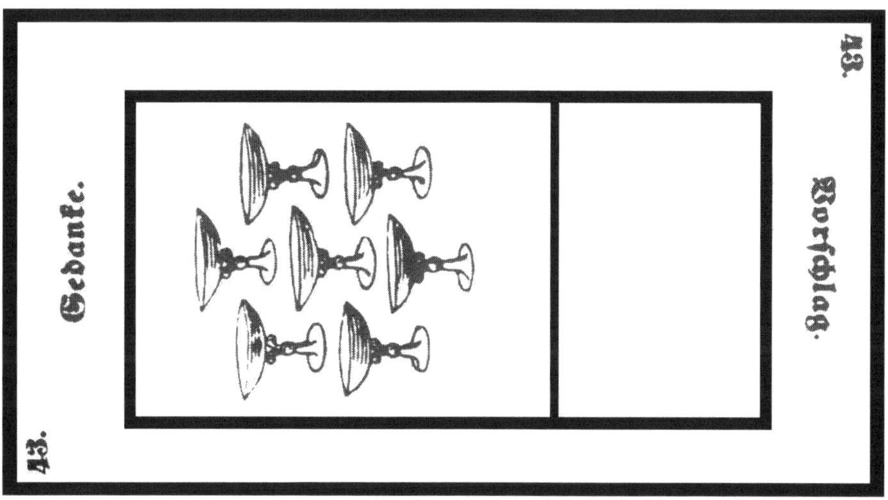
13.
Gedanke.
Vorschlag.
13.

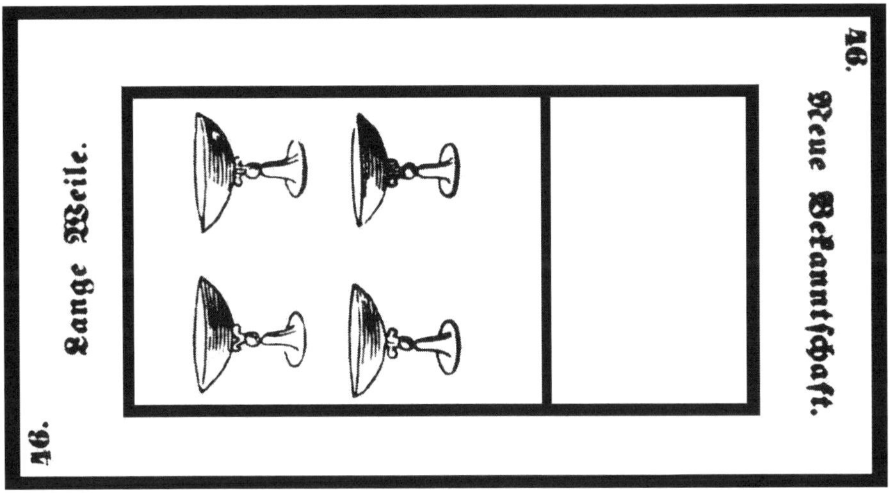
16.
Lange Weile.
Neue Bekanntschaft.
16.

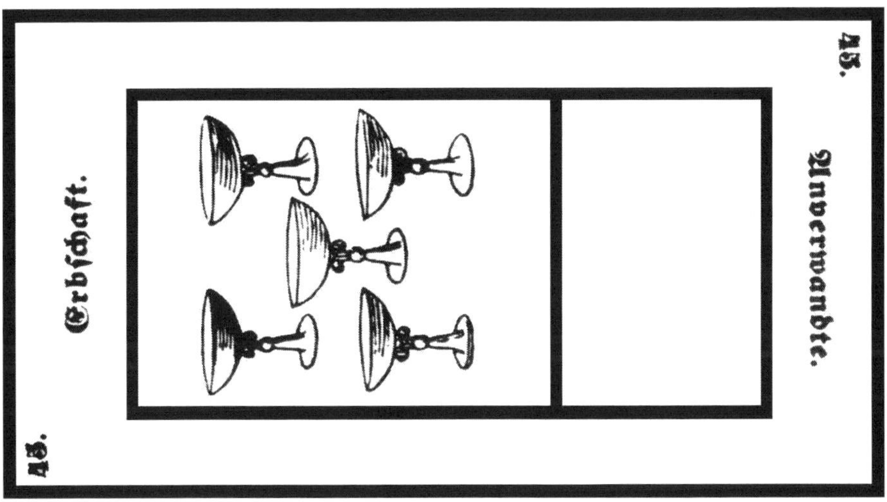
15.
Erbschaft.
Unverwandte.
15.

18.
Liebe.
Sehnsucht.
18.

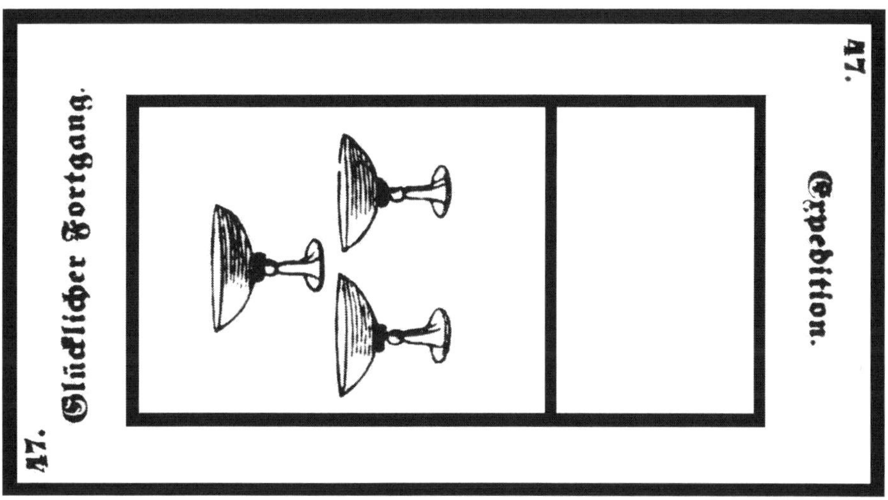
17.
Glücklicher Fortgang.
Expedition.
17.

30.
Mann von Stande.
30.
Böser Mann.

49.
Gastmahl.
49.
Veränderung.

31.
Wittwen-Stand.
Böses Frauenzimmer.
31.

32.
Militär.
Unmäßigkeit.
32.

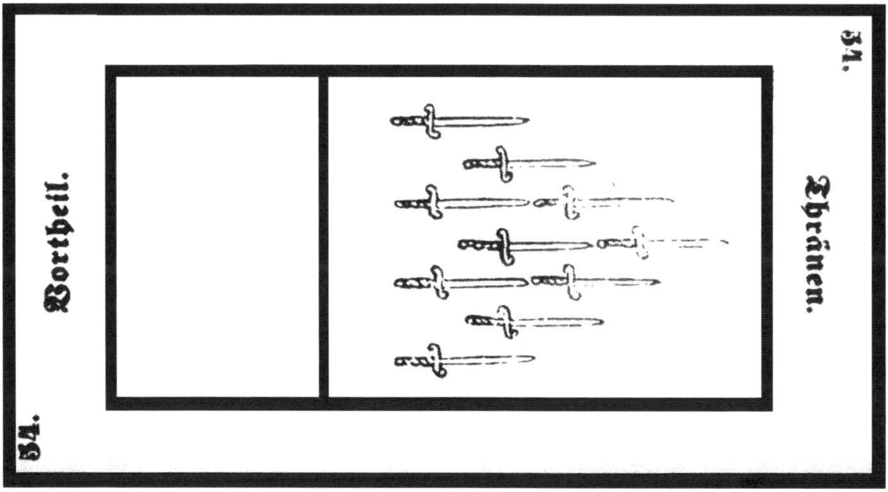
34.
Vortheil.
Thränen.
34.

33.
Spion. Falscher.
Unvermuthet.
33.

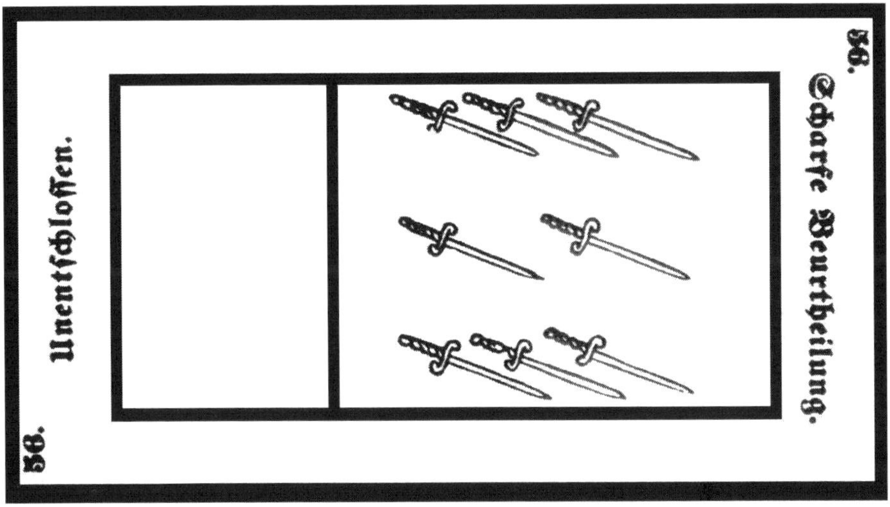
56.
Scharfe Beurtheilung.
Unentschlossen.
56.

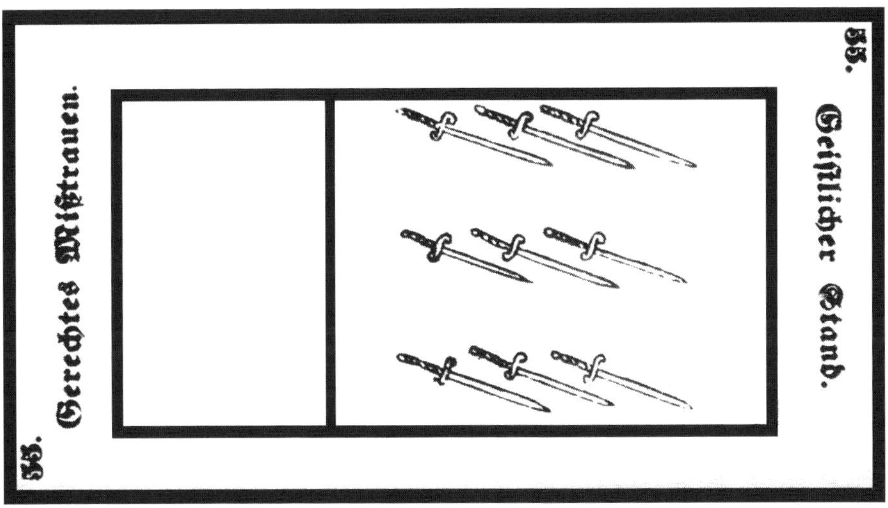
55.
Geistlicher Stand.
Gerechtes Mißtrauen.
55.

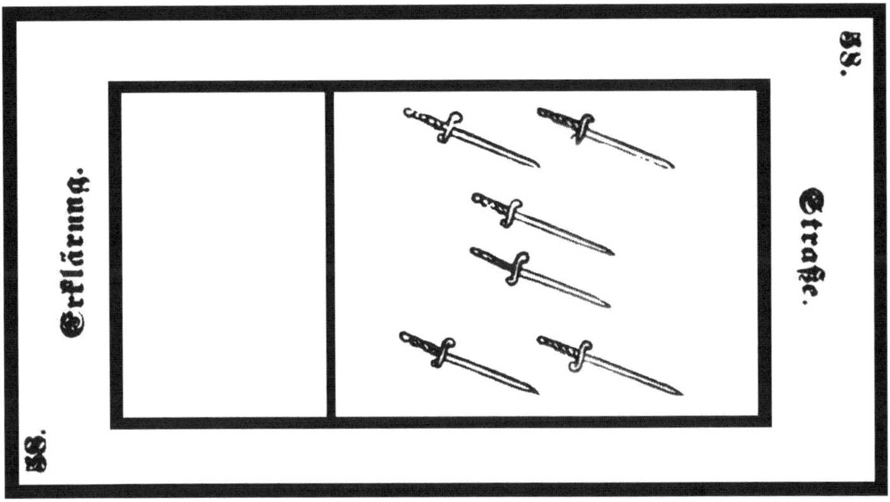
58.
Strafe.
Erklärung.
58.

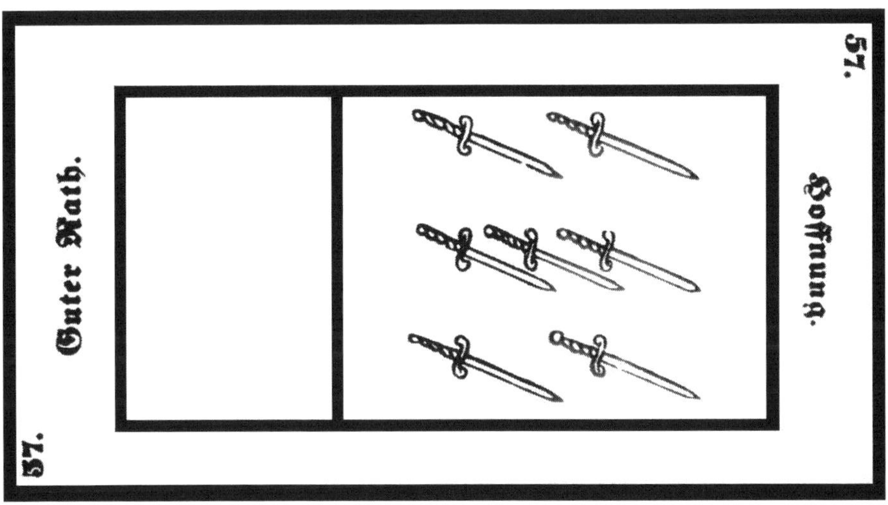
57.
Hoffnung.
Guter Rath.
57.

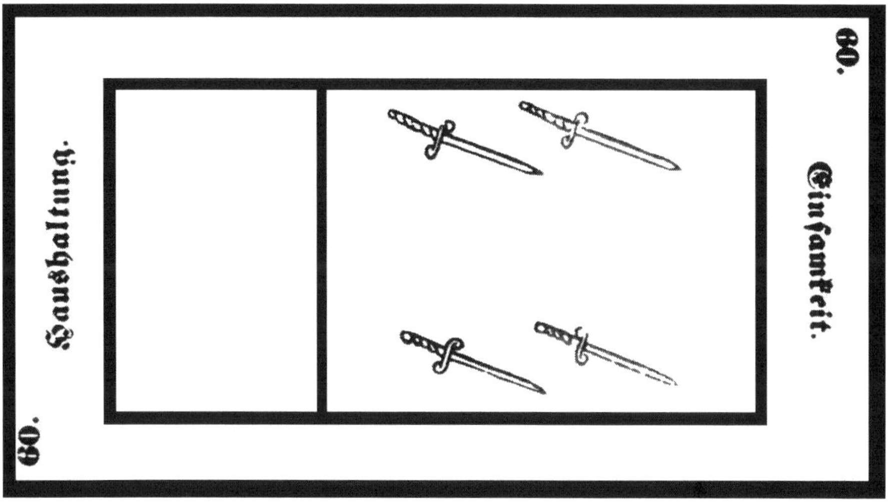
60.
Einsamkeit.
Haushaltung.
60.

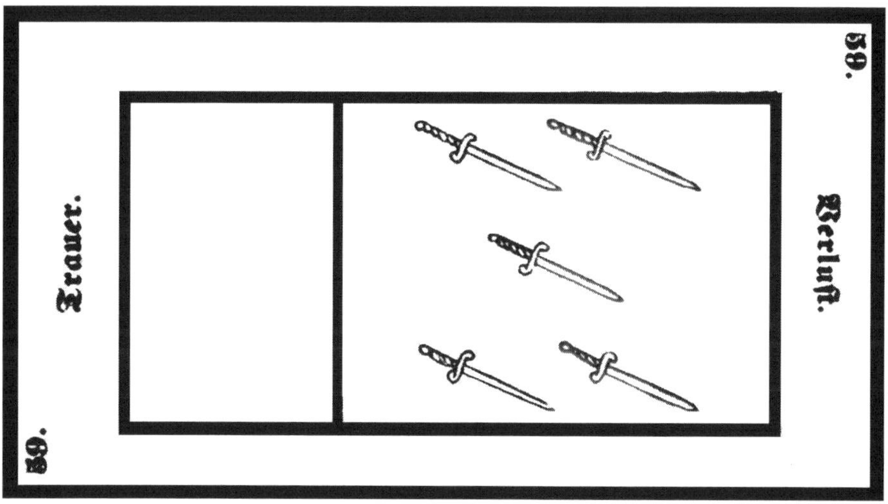
59.
Verlust.
Trauer.
59.

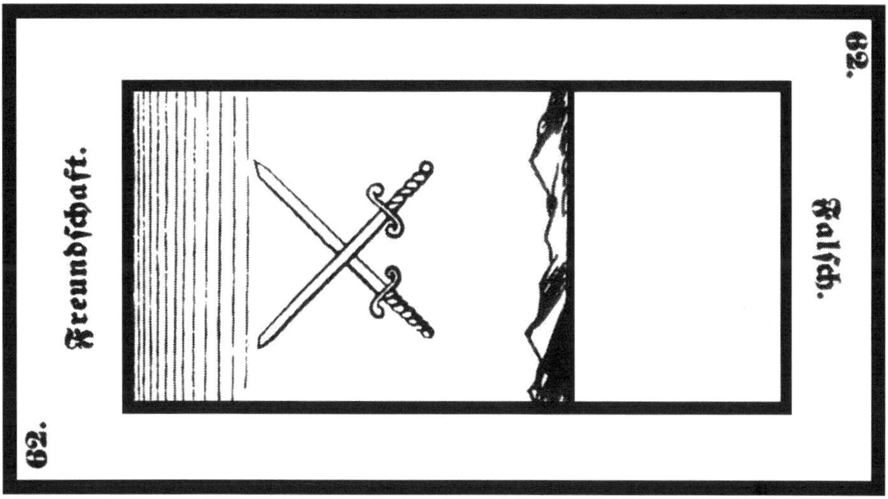
62.
Freundschaft.
Falsch.
62.

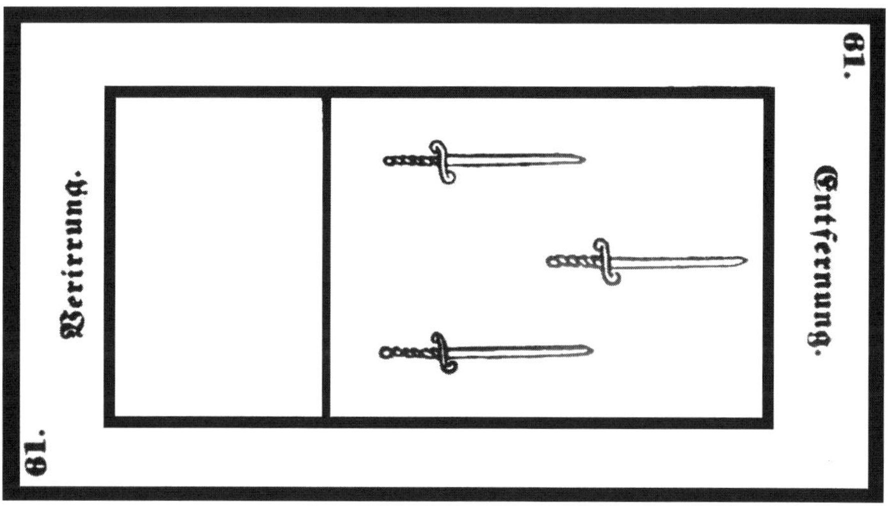
61.
Verirrung.
Entfernung.
61.

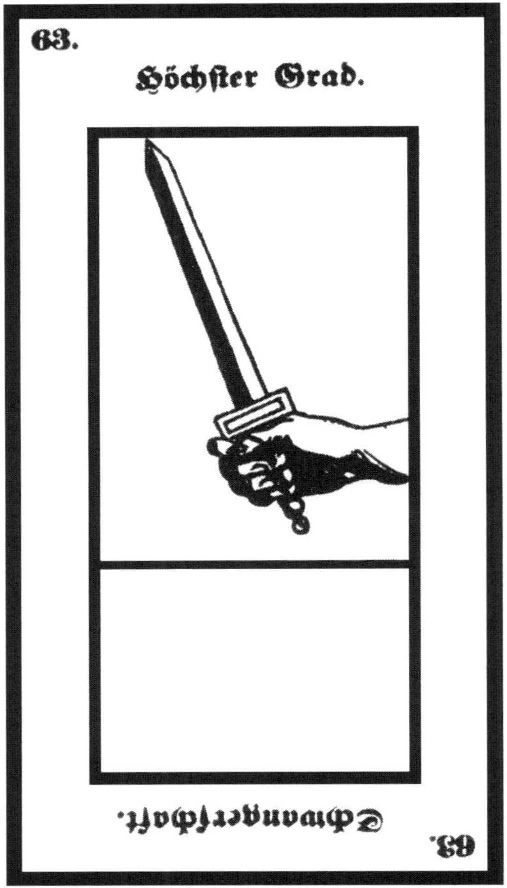
63.
Höchster Grad.
Schwangerschaft.
63.

64.
Brauner Mann.
Laster.
64.

66.
Nutzen.
Unthätigkeit.
66.

65.
Braunes Frauenzimmer.
Ungewiß. Unsicher.
65.

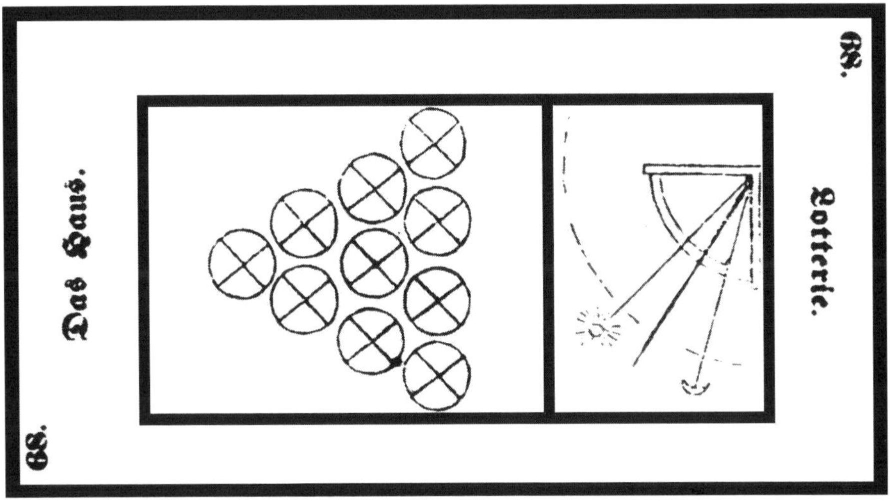
68.
Das Haus.
68.
Lotterie.

67.
Brauner junger Mann.
67.
Verschwendung.

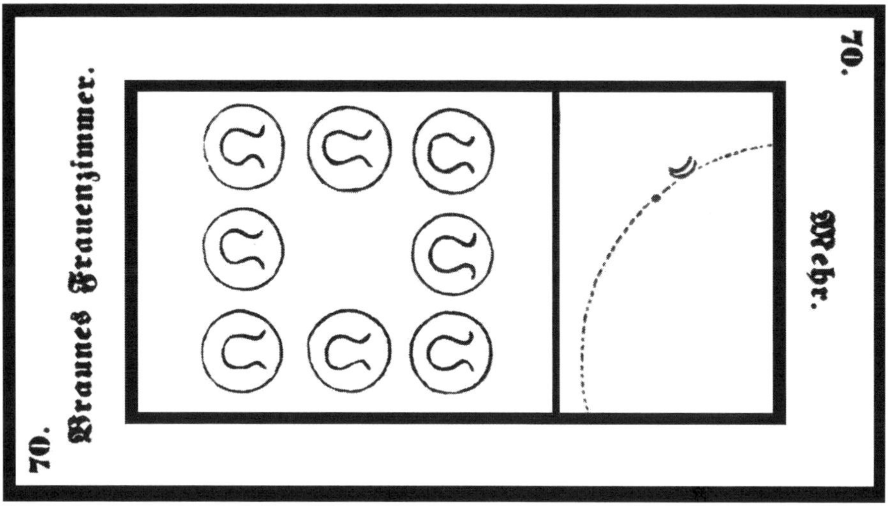
70.
Braunes Frauenzimmer.
Mehr.
70.

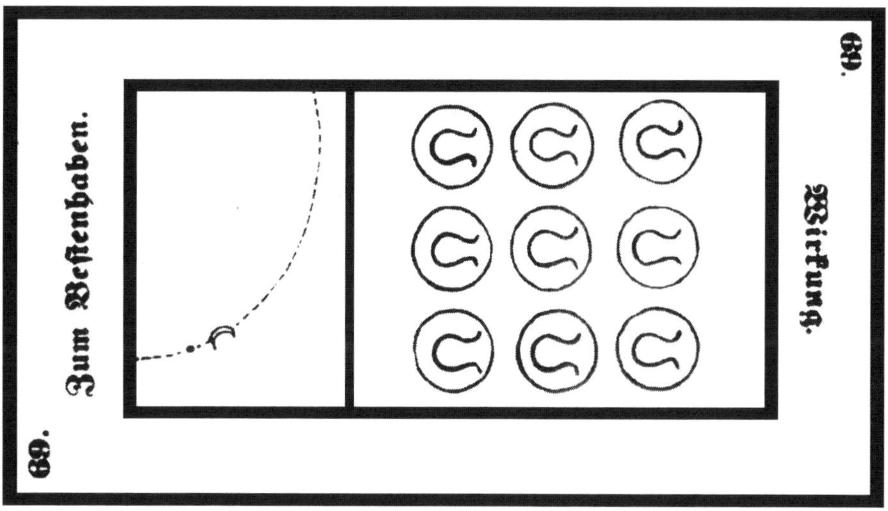
69.
Zum Bestenhaben.
Wirkung.
69.

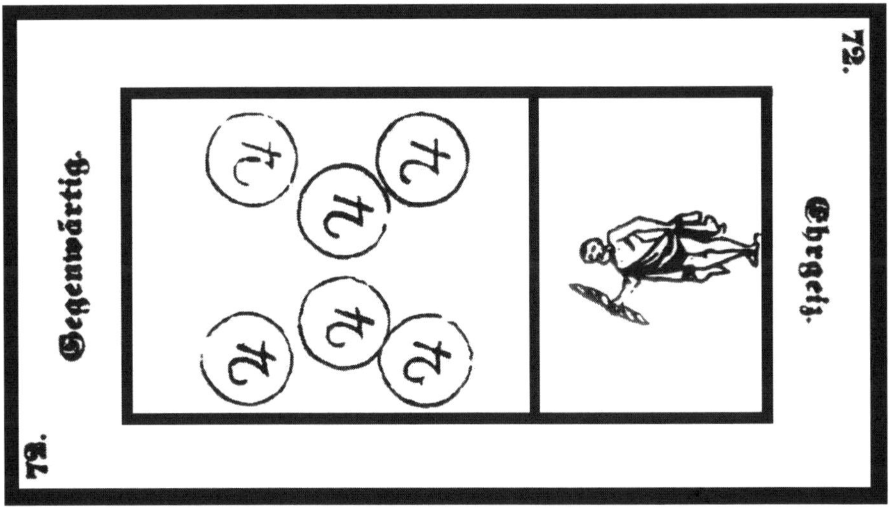
72.
Gegenwärtig.
Ehrgeiz.
72.

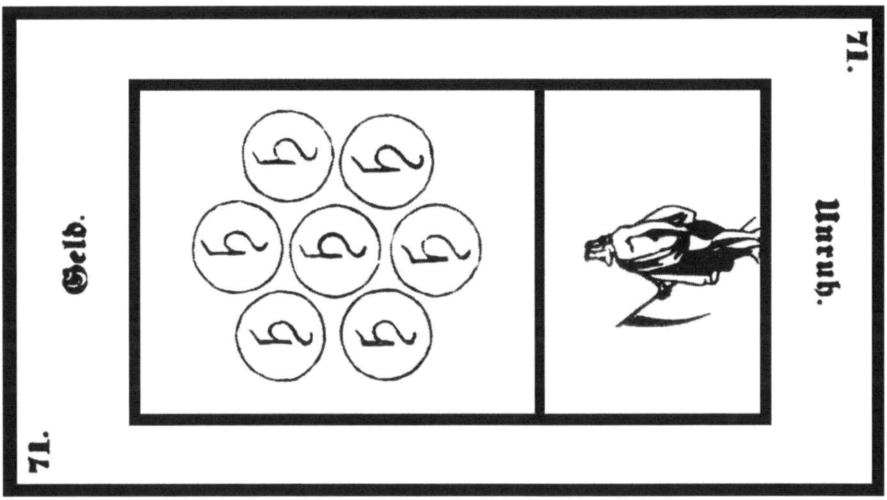
71.
Geld.
Unruh.
71.

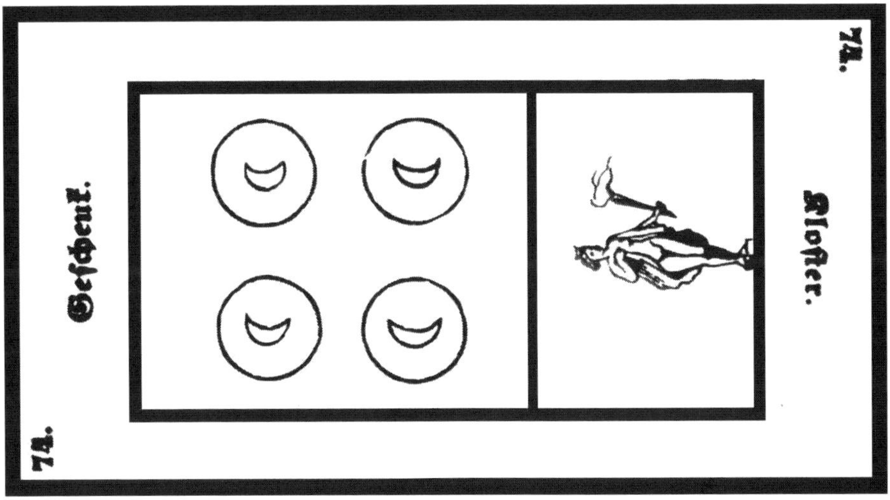
74.
Geschenk.
Kloster.
74.

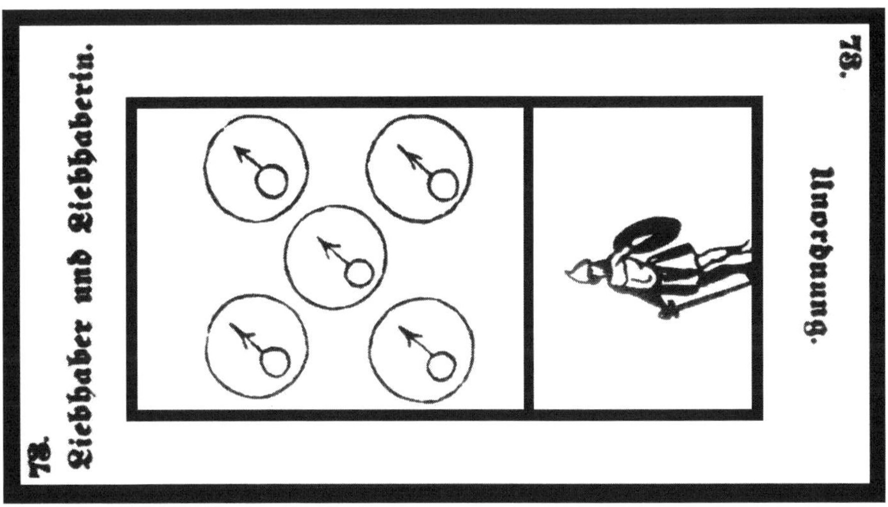
78.
Liebhaber und Liebhaberin.
Unordnung.
78.

76.
Verlegenheit.
Brief.
76.

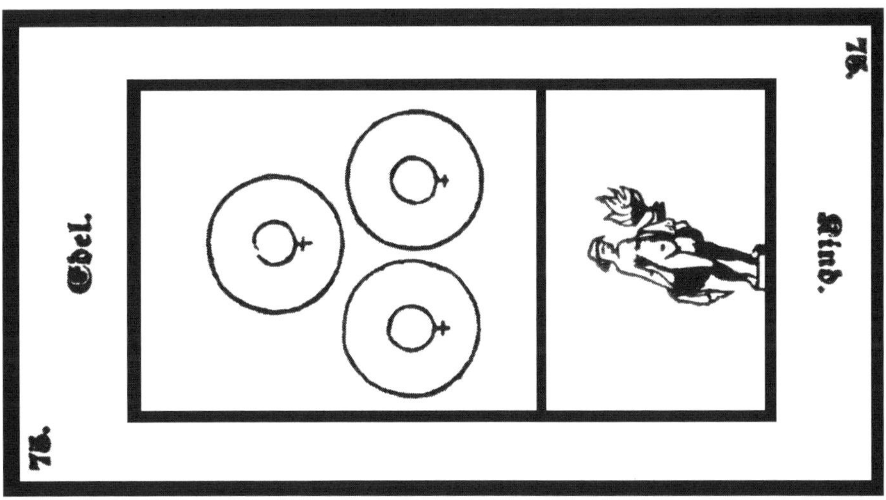
75.
Edel.
Kind.
75.

78.
Thorheit.
78.
Thorheit.

77.
Vollkommene Zufriedenheit.
77.
Beutel voll Geld.

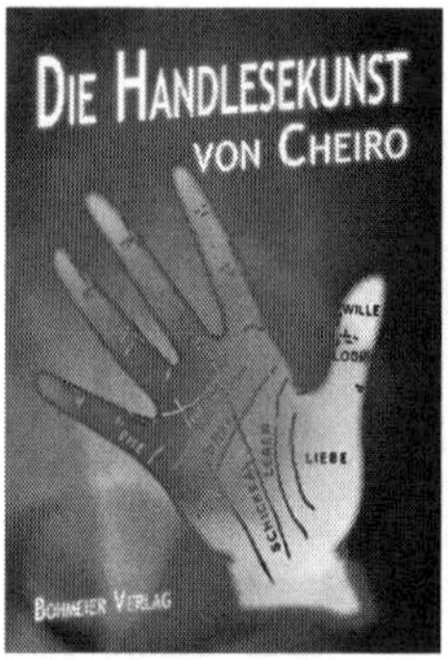
DIE HANDLESEKUNST
VON CHEIRO
BOHMEIER VERLAG

High werden ohne Drogen
Ein Bewusstseinserweiterndes Handbuch
von Frederick E. Dodson

KRAFTTIERE
Die unsichtbaren Begleiter
Bohmeier Verlag

Das Geheimnis der Dualseelen,
Seelengefährten und Seelengeschwister
von Sandra Ruzischka
Bohmeier Verlag

Des Teufels Apokryphen
Zu jeder Geschichte gibt es zwei Seiten
von John A. De Vito
Bohmeier Verlag

Sternentore
Die rätselhafte sechste Dimension

Die Entsäuerung des Körpers
in 10 Schritten
Der ultimative Jungbrunnen und Schlankmacher!
Das Säure-Basen-Gleichgewicht
Anleitung zur Ausschwemmung krankmachender Säure
Bohmeier Verlag
von Patrizia Pfister

Die geheimen Botschaften,
Manuskripte und Schätze der Templer
in RENNES - LE - CHATEAU
Die Auflösung des kosmischen Geheimnisses
das bisher nur Eingeweihten vorbehalten war
von Monika Hauf

Das Buch der
Werwölfe
von Sabine Baring-Gould
Bohmeier Verlag

Küchenmagie
von Sor. Conata
Bohmeier Verlag